Michaela und Michael Lambrecht

Kita-Projekte für Fensterbank, Beet & Co.

Verlag an der Ruhr

Titel
In unserem Garten ist was los!
Kita-Projekte für Fensterbank, Beet & Co.

Autorin und Autor
Michaela Lambrecht, Michael Lambrecht

Umschlagmotiv
Foto © sukjai photo – Shutterstock.com

Fotos im Innenteil
© Michael Lambrecht, wenn nicht anders angegeben

Illustrationen im Innenteil
Icons (Jahreszeiten, Haus, Gießkanne, Zaun) © Pakkad Sah – Shutterstock.com,
Pflanzen (Schmuck) © Dzun – Shutterstock.com

Lektorat
Katia Simon

Druck
AZ Druck und Datentechnik GmbH, Kempten, DE

Verlag an der Ruhr
Mülheim an der Ruhr
www.verlagruhr.de

Geeignet für Kinder von 3–6 Jahren

ISBN 978-3-8346-4530-2

INHALT

Winter ***Frühling***
Sommer ***Herbst***

Liebe Leserinnen und Leser!

Zusammen zu gärtnern macht bereits Kita-Kindern großen Spaß. Nicht nur die **Ernte** ist ein spannendes Ereignis, auch die **Pflanzen zu pflegen** und ihr **Wachstum zu beobachten**, bereitet viel Freude. Dabei können die Kinder zudem **viele neue Fähigkeiten und Kenntnisse** erlangen. Sie erfahren beispielsweise, was nötig ist, damit überhaupt etwas wachsen kann. Sie übernehmen **Verantwortung**, wenn sie ihre Pflanzen regelmäßig pflegen, und sie erleben, dass es sein kann, dass die eigene Pflanze nicht wächst, andere Pflanzen aber schon. Dabei wird die **Frustrationstoleranz gestärkt**, aber auch, etwas erneut zu probieren und nicht so schnell aufzugeben.

Leider finden **gärtnerische Angebote** in vielen Kitas bisher kaum oder nur sehr selten statt. **Sorgen** wegen fehlender Kenntnisse oder **Befürchtungen**, Gartenprojekte seien besonders aufwändig, sind nur zwei der möglichen Gründe, aus denen pädagogische Fachkräfte vor solchen Angeboten zurückschrecken. Dabei ist das völlig unbegründet. **Es braucht nicht viel**, um Kindern Erfahrungen im Anbau, in der Pflege und der Ernte von Obst, Gemüse und Kräutern zu ermöglichen. Kleine Projekte sind auch schon **im Gruppenraum und mit wenigen Mitteln** möglich. Sie brauchen **keine große Ausstattung** und teure Anschaffungen sind auch nicht nötig. Vieles kann **mit bereits vorhandenen Materialien** auf die Beine gestellt bzw. mit kleinen Materialspenden von Eltern oder aus dem Kolleg*innenkreis[1] realisiert werden. **Ihr Improvisationstalent und Ihre Kreativität sind die wichtigsten Werkzeuge.**

Das gilt auch für den Umgang mit den Angeboten in diesem Buch. Haben Sie etwa den **Mut, Materialien durch andere zu ersetzen**. Sie haben keine Blumentöpfe aus Ton? Verwenden Sie welche aus Plastik, die eine Mitarbeiterin noch im Keller stehen hatte, oder auch einfach leere Eis-Verpackungen, in deren Boden Sie Löcher schneiden. Sie haben keine Pflanzstöcke? Sammeln Sie mit den Kindern Stöcke im nahe gelegenen Park usw. Das **gilt auch für alle anderen Aspekte** eines Angebots. Aus Personalgründen können Sie ein Angebot nur mit der ganzen Gruppe statt in Kleingruppen realisieren? Dann tun Sie das! Das ist allemal besser, als deshalb auf dieses gärtnerische Projekt zu verzichten. Sie haben keinen Außenbereich, den Sie nutzen können, aber einen Balkon oder die Möglichkeit, Balkonkästen vor die Fenster zu hängen? Sehr gut. Sie merken, worauf wir hinauswollen, oder? **Es gibt immer eine Möglichkeit**, seien Sie offen und kreativ!

Mit diesem Buch möchten wir Sie für das gemeinsame Gärtnern mit Kindern begeistern, Ihnen **Hilfestellungen** sowie **praktische Tipps** an die Hand geben und Ihnen damit Mut machen, einfach zu beginnen. Wichtig ist uns, dass Sie sich von unserem Buch inspirieren lassen und Lust bekommen, mit den Kindern gemeinsam in die Welt von Erde, Saat, Pflege und Ernte einzutauchen. Egal, ob Sie bisher keine bzw. nur sehr wenig Erfahrung haben oder aber ob Sie bereits regelmäßig mit den Kindern gärtnern: **Sie können direkt mit unserem Buch loslegen.**

Michaela und Michael Lambrecht

[1] Der Verlag an der Ruhr legt großen Wert auf eine geschlechtergerechte und inklusive Sprache. Daher nutzen wir das Gendersternchen, um sowohl männliche und weibliche als auch nichtbinäre Geschlechtsidentitäten einzuschließen. Alternativ verwenden wir neutrale Formulierungen.

EIN PAAR HINWEISE VORAB

Bevor Sie nun mit den Kita-Kindern gemeinsam erste gärtnerische Projekte beginnen, möchten wir Ihnen ein wenig Hintergrundwissen über die **Vorteile gärtnerischer Erfahrungen für Kinder, Hinweise zum Umgang mit diesem Buch** sowie **Informationen zu einer sinnvollen gärtnerischen Grundausstattung** und noch ein paar **wichtige Gärtner*innentipps für Groß und Klein** mitgeben.

GÄRTNERN FÖRDERT DIE KINDLICHE ENTWICKLUNG

Gemeinsames Gärtnern fördert, wie bereits angerissen, in vielen Aspekten die Entwicklung von Kindern. Sie erfahren bei den Projekten beispielsweise, was Pflanzen zum Wachsen brauchen, welcher Platz für den Anbau welchen Gemüses geeignet ist und woran man erkennt, dass Obst und Gemüse bereit sind für die Ernte. Das bedeutet, sie erleben **naturwissenschaftliche Phänomene in der Praxis**. Sie lernen die Natur und deren Gesetze kennen und erleben auch sich selbst als Teil dessen.
Bei den gärtnerischen Tätigkeiten, im Umgang mit winzigen Samen und zarten Pflänzchen, beim Hantieren mit Rechen und Schaufel üben die Kinder zudem ganz spielerisch **(fein-)motorische Fähigkeiten** und trainieren ihre **Konzentration**. Es kann überraschen, dass Sie Kinder, die Sie sonst sehr bewegungsfreudig und laut kennen, plötzlich ganz leise und in sich und die Tätigkeit versunken erleben.

Auch persönliche Fähigkeiten, wie **Ausdauer und Geduld**, werden durch die Gartenprojekte gefördert: Es braucht Zeit und deshalb viel Durchhaltevermögen, bis Samen aufgehen, Pflanzen wachsen und Gemüse oder Obst geerntet werden können. Achtsamkeit benötigen sie, um Pflanzen beispielsweise nicht zu viel zu gießen oder zu wenig. Die kleinen **Gärtner*innen erleben, dass es wichtig ist, sich regelmäßig zu kümmern,** und dass Pflege der Pflanzen nicht vergessen werden darf, um später ernten zu können. Die Kinder lernen, dass es Erfolge und Misserfolge geben kann. **Niederlagen müssen verkraftet werden**, wenn beispielsweise Samen nicht aufgehen oder Pflanzen kaum wachsen. Manchmal gibt es eine gute Ernte und manchmal gibt es aber auch gar keinen Ertrag.

Gärtnern kann körperlich manchmal anstrengend sein, wenn etwa ein Beet umgegraben werden muss. Gleichzeitig können die Kinder ihren Bewegungsdrang ausleben. Auch soziale Fähigkeiten werden durch das Gärtnern geschult. Zusammenzuarbeiten, beispielsweise beim Ansäen, sich **gegenseitig unterstützen** und natürlich die gemeinsame Freude beim Ernten tragen maßgeblich zur Entwicklung der Kinder bei. Je länger die Kinder sich mit dem Gärtnern beschäftigen, desto größer wird auch ihr **Wissen über die Natur und die Pflanzen** sowie ihr gärtnerisches Können. Sie begreifen die **ökologischen Kreisläufe** und bringen meist Lebensmitteln mehr **Wertschätzung** entgegen, da sie wissen, wie lange es dauert, bis beispielsweise eine Gurke gewachsen ist. Das sind viele gute Gründe, mit den Kita-Kindern Gartenprojekte anzugehen.

ZUM UMGANG MIT DIESEM BUCH

Zunächst das Wichtigste: **Dieses Buch setzt keinerlei Fachwissen über das Gärtnern voraus.** Alles, was Sie für die Projekte wissen müssen, erfahren Sie hier. Alle vorgestellten Angebote sind detailliert beschrieben und einfach umsetzbar. Es werden jeweils das optimale **Alter der Kinder**, die ideale **Gruppengröße** und der geeignete **Ort** genannt. Die benötigten **Materialien** werden aufgelistet und falls vorbereitende Tätigkeiten nötig sind, erfahren Sie dies auch vorab. Seien Sie aber unbedingt **offen für Improvisation**! Das haben Sie in unserem Vorwort bereits gelesen und das sollten Sie sich **zu Herzen nehmen**. Die **Durchführung** wird ebenfalls Schritt für Schritt einfach erklärt. Hinzu kommen in der Kategorie „Mein Tipp für die Praxis" **ergänzende Angebote und Ideen**, wie passende Rezepte, Spiele oder Lieder. Eine Bauanleitung für eine Pflanzenmesslatte und gut erprobte Tipps zum Düngen ergänzen die Angebote sinnvoll und unterstützen Ihren gemeinsamen gärtnerischen Erfolg.

Um die Angebote umsetzen zu können, benötigen Sie **nicht viel Platz oder große Grünflächen** in der Einrichtung. Alle Angebote sind so konzipiert, dass sie auf dem Fensterbrett, in Balkonkästen oder in einem kleinen Garten bzw. Hof in Kübeln und Blumentöpfen oder in Beeten umsetzbar sind.

Im ersten Kapitel finden Sie neun gärtnerische Projekte, die Sie mit den Kindern im **Gruppenraum** umsetzen können. Wenn Sie die Möglichkeit haben, den **Außenbereich** zu nutzen, finden Sie im zweiten Kapitel 18 passende Angebote. Im Inhaltsverzeichnis und bei jedem Angebot sehen Sie auf den ersten Blick, für welche **Jahreszeit** bzw. für welchen Monat es jeweils geeignet ist. So können Sie Ihre Entscheidung für ein Projekt einfach und passgenau treffen.

DIESE GRUNDAUSSTATTUNG BRAUCHEN SIE ZUM GÄRTNERN

Für die Durchführung der Angebote ist neben den jeweils individuellen Materialien eine **gärtnerische Basisausstattung sinnvoll**. Diese wird in den Angeboten in diesem Buch **als vorhanden vorausgesetzt. Dazu gehört beispielsweise auch gute Gartenerde ohne Torf.** Möglicherweise befindet sich davon schon einiges in der Einrichtung. Fehlendes empfehlen wir, anzuschaffen. Falls es möglich ist, lohnt es sich, **jeweils mehrere der Arbeitsgeräte**, beispielsweise Kinderrechen, zu kaufen. So können mehrere Kinder gleichzeitig arbeiten. Wie immer gilt auch hier: **Arbeiten Sie im Rahmen Ihrer Möglichkeiten und mit den Materialien, die vorhanden sind.** Sie können auch ohne perfekte Ausstattung starten und nur mit ein paar gespendeten Materialien.

- Handschaufeln
- Kinderspaten
- Kinderrechen
- kleine Eimer
- kleine Gießkannen
- kleine Sprühflaschen für Wasser
- Notizbuch und Stift für die pädagogische Fachkraft (um Beobachtungen der Kinder für das Portfolio oder für Lerngeschichten zu notieren)
- Kamera für die pädagogische Fachkraft (zur Dokumentation der Projekte)
- wettergemäße Kleidung und Schuhe für große und kleine Gärtner*innen
- Wachstuchdecke oder alte Zeitungen zum Abdecken der Arbeitsfläche, wenn drinnen gegärtnert wird
- … und natürlich Geduld und Freude am Tun!

WICHTIGE GÄRTNER*INNENTIPPS FÜR GROSS UND KLEIN

- Gerade am Anfang ist es wichtig, dass Kinder schnelle Erfolgserlebnisse haben. Fangen Sie deshalb mit einem **kleinen Projekt** an, beispielsweise Kresse säen, da diese in der Regel immer gelingt.
- Sollten Sie sich an **schwierigere Pflanzprojekte** (z. B. Avocadopflanze) wagen, tun Sie das gemeinsam, statt für jedes Kind eine einzelne Pflanze vorzusehen. So ist kein Kind traurig, wenn seine Pflanze nicht wächst.
- Bauen Sie Obst und Gemüse an, das Kinder **gern essen**, beispielsweise Erdbeeren und Karotten.
- Planen Sie **ausreichend Zeit** ein. Je mehr Sie die Kinder selbst machen lassen, desto mehr Begeisterung werden diese entwickeln. Und das braucht seine Zeit.
- Sollte jedes Kind beispielsweise sein eigenes Kräutertöpfchen oder Sonnenblumen säen, halten Sie noch **einige Samen in Reserve**, falls die Saat nicht aufgeht. So können die Kinder dann nachsäen und dennoch einen Erfolg erleben.
- Integrieren sie die Pflanzenpflege in den **Tagesablauf**. Es ist wichtig, dass die Kinder nicht nur säen und ernten, sondern sich auch kontinuierlich um ihre Pflanzen kümmern. Sie lernen so, dass es wichtig ist, Verantwortung zu übernehmen, auch wenn man vielleicht gerade lieber etwas anderes tun möchte.
- Vielleicht gibt es ja auch die Möglichkeit, eine **Projektgruppe „Gärtnern"** in Ihrer Einrichtung zu gründen. Dies hat den Vorteil, dass sich interessierte Kinder intensiv mit der Thematik beschäftigen können. Da sich eine Projektgruppe nicht nur zum Ansäen und zum Gießen trifft, ist eine Freiwilligkeit hier sehr wichtig. Die Projektgruppe könnte beispielsweise neben dem Ansäen auch für regelmäßige Pflege wie Gießen, Umgraben oder Unkrautjäten und Düngen zuständig sein.
- Alle Kinder sollten die Möglichkeit bekommen, sich **auszuprobieren**. Das regelmäßige Säen, Pflanzen und Pflegen sollte aber **immer freiwillig** sein.
- Achten Sie auf **geeignete Kleidung**. Besonders, wenn die Kinder nicht nur auf der Fensterbank gärtnern, sondern auf Beeten oder einem Acker, ist eine funktionelle und/oder ältere Kleidung, die auch schmutzig werden darf, sehr wichtig. Dafür reichen beispielsweise schon Gummistiefel und Matschhose aus, die die Kinder für gewöhnlich sowieso in der Kita haben.
- Wie wäre es mit **Gartenpatenschaften**? Vielleicht haben ja Familien Lust, sich während der Ferien oder der Feiertage um die Pflanzen oder Beete zu kümmern. Natürlich müssen Sie im Vorfeld die rechtlichen Aspekte mit dem Träger absprechen, z. B. ob die Eltern den Kita-Garten betreten dürfen.
- Nach Möglichkeit sollten Sie auch die passende **Erde**, z. B. Anzuchterde, kaufen. Die Investition zahlt sich aus, da passende Erde auf die jeweiligen Bedürfnisse der Pflanze abgestimmt ist und die richtigen Nährstoffe und Mineralien enthält. **Beachten Sie unbedingt:** Die Erde sollte möglichst frei von Torf sein, denn dieser Naturstoff wird aus trockengelegten Mooren abgebaut. Ein Lebensraum für zahlreiche Tiere und Pflanzen wird dadurch zerstört.

GÄRTNERN AUF DEM FENSTERBRETT UND IM GRUPPENRAUM

© Far700 – Shutterstock.com

AUCH AUF WATTE KANN ETWAS WACHSEN

KRESSE ANSÄEN

ganzjährig möglich

Kresse anzusäen, gehört in vielen Kitas, oftmals zur Osterzeit, einfach dazu. Kresse ist besonders als Einstieg in das Gärtnern mit Kindern sehr gut geeignet, da sie in der Regel sehr schnell keimt und innerhalb weniger Tage wächst. Die Kinder freuen sich über schnelle Erfolgserlebnisse. Nur acht bis zehn Tage nach dem Aussäen ist die Kresse verzehrfertig. Sie schmeckt besonders lecker auf ein Butterbrot gestreut oder in einem Salat.

Sachwissen: vielseitige Kresse

Kresse zählt zu den Salat- und Gewürzpflanzen. Es gibt verschiedene Formen. Am bekanntesten ist die Gartenkresse. Diese wird auch am häufigsten in Kitas angesät. Daneben gibt es noch Brunnen- und Kapuzinerkresse. Kresse ist sehr gesund. Sie ist besonders reich an Vitamin C und durch das enthaltene Calcium auch sehr gut für unsere Knochen. Kresse kann ganzjährig angesät werden: sowohl im Raum auf Watte oder Küchenkrepp als auch draußen in Erde.

Alter:	ab 3 Jahre
Gruppengröße:	Kleingruppe
Ort:	Gruppenraum
Dauer:	ca. 15 Minuten + mehrere Tage Keimzeit

Material:

- Watte, *alternativ:* Küchenkrepp
- 1 Päckchen Gartenkressesamen

Für jedes Kind:

- 1 kleiner Teller

Los geht's:

Stellen Sie die Materialien am abgedeckten Basteltisch bereit. Alle Kinder legen etwas Watte auf ihren Teller und verteilen diese, sodass eine Fläche entsteht. Mit der Sprühflasche befeuchten sie vorsichtig die gesamte Watte. Dann streuen sie die Kressesamen gleichmäßig darauf aus. Wichtig ist, dass die Samen möglichst nicht übereinanderliegen.

In den nächsten Tagen kontrollieren die Kinder regelmäßig, ob die Watte feucht ist. Wenn sie zu trocken ist, benetzen sie sie vorsichtig mithilfe der Sprühflasche mit Wasser. Achten Sie unbedingt darauf, dass die Kresse nicht überschwemmt wird. Sollte die Watte zu nass sein, gießen Sie vorsichtig das überschüssige Wasser ab.

Wichtig!

Gießen Sie die Kresse nicht mit der Gießkanne. Aus dieser kommt meist viel zu viel Wasser auf einmal. Die Kresse könnte zu feucht werden, die Samen könnten regelrecht schwimmen oder die kleinen Pflänzchen verletzt werden.

Mein Tipp für die Praxis

Sie können angesäte Kresse beispielsweise auch als **Elterntaggeschenk** anbieten. Dazu können Sie im Vorfeld mit den Kindern weiße kleine Teller bemalen und darauf die Kresse auf Watte ansäen. Besonders hübsch ist es, wenn sich die Kinder mit einer Plätzchenform ein Herz gestalten können. Die Plätzchenform wird nur zum Auslegen der Watte und zum Ansäen verwendet. Dann kann die Form vorsichtig entfernt werden. Bei Bedarf können Sie das Herz nach dem Wachstum noch etwas in Form schneiden.

DAS RIECHT UND SCHMECKT ABER GUT

KRÄUTER ANSÄEN

ganzjährig möglich

Es gibt viele aromatische Kräuter, die auch in Töpfchen in Küchen oder Gruppenräumen gedeihen. Sie können diese beispielsweise zum Würzen verwenden oder leckere Tees für die Gruppe zubereiten. Pflanzen Sie gemeinsam mit den Kindern schnell wachsende Kräuter, wie Petersilie, Pfefferminze und Zitronenmelisse. Kinder haben viel Spaß daran, ein eigenes Kräutertöpfchen zu säen und zu pflegen.

Sachwissen: kleine Kräuterkunde

Zitronenmelisse
Sie kommt ursprünglich aus dem östlichen Mittelmeerraum und wächst auch bei uns sehr gut. Sie ist eine sehr anspruchslose Pflanze, die auch wild wächst. Die Zitronenmelisse gehört zu den Arzneipflanzen: Sie wird oft bei Magen-Darm-Reizungen und bei Nervosität eingesetzt, beispielsweise als Tee.

Petersilie
Petersilie, manchmal auch „Petersil" genannt, wird bereits seit über 400 Jahren bei uns zum Würzen eingesetzt, etwa in Suppen. Sie ist aber auch eine Heilpflanze, die bei Bauchweh und verschiedenen anderen Krankheiten, wie Diabetes und Bluthochdruck, hilft. Petersilie gibt es mit glatten und mit krausen Blättern. Im Mittelmeerraum wächst sie an vielen Orten wild.

Pfefferminze
Die Pfefferminze wurde 2014 zur Arzneimittelpflanze des Jahres gekürt. Sie gehört zur Gattung Minze und ist eine beliebte Heil- und Gewürzpflanze. Sie hilft z. B. bei Bauchweh und Erkältungen und schmeckt sehr gut in Getränken und Süßspeisen. In Vorderasien, Nordafrika und der Türkei wird sie auch gern in herzhaften Gerichten gegessen.

Alter: ab 3 Jahre
Gruppengröße: 4 Kinder
Ort: Gruppenraum
Dauer: ca. 30 Minuten + Vorbereitungs- und Trocknungszeit

Material:
- mehrere Töpfchen Fingerfarben
- 1 Dose Klarlack
- 1 Pinsel
- je 1 Päckchen mit Kräutersamen, z. B. Pfefferminze, Petersilie, Zitronenmelisse
- torffreie Gartenerde
- die jeweiligen Kräuter als ausgewachsene Pflanze

Für jedes Kind:
- 1 kleiner Pflanztopf aus Ton mit Untersetzer
- 1 Malkittel

Vorbereitung:

Legen Sie die Malmaterialien am geschützten Basteltisch bereit. Die Kinder bemalen nun die Pflanztöpfchen mit Fingerfarbe. Sobald diese über Nacht getrocknet sind, überziehen Sie die Pflanztöpfe mit Klarlack. Dann hält die Fingerfarbe länger. Auch der Klarlack sollte über Nacht trocknen können.

Los geht's:

Legen Sie die Materialien bereit. Zeigen Sie den Kindern die Kräuter, die Sie ansäen möchten, anhand ausgewachsener Pflanzen. Lassen Sie die Kinder an diesen riechen, sie befühlen und natürlich auch probieren. So bekommen die Kinder eine gute Vorstellung von den Kräutern. Im Anschluss können Sie die Kräuter noch verwerten (siehe auch Tipp rechts). Besprechen Sie mit den Kindern, wer welches Kraut säen möchte.
Die Kinder füllen mithilfe von Handschaufeln Erde in ihre Pflanztöpfchen. Dann drücken sie zwei bis drei Samenkörner der gewählten Sorte hinein und gießen diese vorsichtig an. Die frisch gesäten Kräuter sollten einen sonnigen Platz auf dem Fensterbrett bekommen und täglich ein wenig gegossen werden. Es dauert etwa zehn bis 14 Tage bis die Samen keimen.

Mein Tipp für die Praxis

Aus Pfefferminze oder Zitronenmelisse können Sie gemeinsam einen **leckeren Tee** zubereiten. Geben Sie in eine Kanne etwa eine Handvoll gewaschene Kräuter und übergießen Sie diese mit kochendem Wasser. Nach wenigen Minuten seihen Sie die Kräuter ab und können den frischen Kräutertee den Kindern servieren. Manche Kinder mögen ihn auch gern als selbst gemachten Eistee.

Natürlich können Sie die beiden Kräuter auch als Tee mischen. Besonders schön ist es für Kinder, wenn Sie Teebeutel zum Selbstbefüllen kaufen und jedes Kind seinen eigenen Teebeutel erhält.

LUSTIGE EIERKÖPFE

SCHNITTLAUCH EINMAL ANDERS ANGEPFLANZT

ganzjährig möglich

Schnittlauch schmeckt das ganze Jahr – auf einem Butterbrot, in einer Suppe oder im Salat. Deshalb bietet es sich an, ihn selbst in einem Kräutertöpfchen anzupflanzen. Eine pfiffige Idee zur Osterzeit ist, den Schnittlauch in einer leeren Eierschale anzusäen. So wird er zugleich auch zur schönen Dekoration für eine festliche Tafel.

Sachwissen: würziger Schnittlauch

Schnittlauch gehört zur Gattung der Lauchgewächse und wird überwiegend zum Würzen verwendet. Besonders im alpinen Bereich ist Schnittlauch weit verbreitet. Er ist pflegeleicht und wächst schnell.

Vorbereitung:

Bereiten Sie eine fertig bepflanzte Eierschale als Anschauungsobjekt vor. Kochen Sie die benötigten Eier, bis sie hart sind. Anschließend klopfen Sie jedes Ei oben mit dem Teelöffel auf und nehmen Sie vorsichtig die kleinen Schalenstücke weg, sodass eine Öffnung mit einer groben, zackigen Kante entsteht. Entfernen Sie das gekochte Innere des Eis. Daraus können Sie mit den Kita-Kindern in einem hauswirtschaftlichen Angebot beispielsweise einen leckeren Eiersalat zubereiten.

Waschen Sie die Eierschalen vorsichtig, aber gründlich aus und lassen Sie diese gut austrocken, um z. B. unangenehme Gerüche zu verhindern.

Alter: ab 5 Jahre
Gruppengröße: 4 Kinder
Ort: Küche und Gruppenraum
Dauer: ca. 15 Minuten

Material:

- 4 braune Hühnereier als Reserve, falls Eier zerbrechen
- 1 Topf
- 1 Teelöffel
- 1 Päckchen Schnittlauchsamen
- torffreie Gartenerde
- ggf. Kleber
- Filzstifte

Für jedes Kind:

- 1 braunes Hühnerei
- 1 Teelöffel
- 1 Eierbecher
- 2 Wackelaugen

Los geht's:

Legen Sie die Materialien am abgedeckten Basteltisch bereit und verteilen Sie diese. Weisen Sie die Kinder darauf hin, dass die Eierschalen sehr zerbrechlich sind und sie vorsichtig mit ihnen hantieren müssen. Die Kinder legen ihre Eierschalen in die Eierbecher und füllen mit den Teelöffeln etwas Erde hinein. Jetzt drücken sie jeweils zwei bis drei Schnittlauchsamen leicht in die Erde und gießen diese vorsichtig an. Die Kinder kleben vorsichtig die Wackelaugen auf. Mit einem Stift kann auch noch ein Mund aufgemalt werden.
Die Eierbecher sollten nun einen Platz auf der sonnigen Fensterbank bekommen. Jeden Tag besprühen die Kinder die Samen mit etwas Wasser, um sie feucht zu halten. Nach etwa ein bis zwei Wochen keimen die Samen. Zwei weitere Wochen später ist der Schnittlauch ein gutes Stück gewachsen, sodass er geerntet werden kann. Wie hoch er dann ist, hängt u. a. davon ab, wie viel Sonne die Pflänzchen bekommen haben.

Mein Tipp für die Praxis

Wenn der Schnittlauch gut gewachsen ist, gibt es eine lustige Deko-Idee: Die Kinder können ihren Schnittlauchköpfen **witzige Frisuren** schneiden – und den abgeschnittenen Schnittlauch auf einem kleinen Tellerchen zum Gruppenfrühstück servieren. Und falls der Schnittlauch richtig lang aus der Eierschale herausragt, können sogar Zöpfe geflochten und diese mit bunten Wollfäden zusammengebunden werden.

SIE WACHSEN GANZ OHNE ERDE

EIGENE SPROSSEN ZIEHEN

ganzjährig möglich

Sprossen sind sehr gesund und schmecken würzig und aromatisch auf einer Scheibe Brot, einfach nur so genascht oder über den Salat gestreut. Selbst Sprossen zu ziehen, bringt schnelle Erfolge, denn sie wachsen innerhalb von wenigen Tagen und benötigen noch nicht einmal Erde. Ein leeres Glas mit Schraubverschluss reicht aus, um sie selbst zu ziehen.

Sachwissen: vitaminreiche Sprossen

Frisch gezogene Sprossen enthalten sehr viele Vitamine, Mineralien und Ballaststoffe sowie die sehr gesunden, mehrfach ungesättigten Fettsäuren. Sie spielen bei einer gesunden Ernährung eine wichtige Rolle. Vor allem im Winter sind sie eine willkommene Ergänzung auf dem Speiseplan. Eigentlich alle Sprossen essbarer Pflanzen eignen sich dazu, gegessen zu werden.

Alter: ab 3 Jahre
Gruppengröße: Kleingruppe
Ort: Gruppenraum
Dauer: ca. 15 Minuten

Material:
- 1 Dosenpikser/Dosenlocher

Für jedes Kind:
- 1 Handvoll z. B. getrocknete Mungobohnen, Kichererbsen oder Luzernensamen
- 1 großes leeres Glas mit Schraubdeckel

Vorbereitung:

Waschen Sie die Schraubgläser gründlich mit heißem Wasser aus und piksen Sie mit dem Dosenpikser bzw. Dosenlocher in alle Deckel viele kleine Löcher.

Los geht's:

Legen Sie die Materialien am abgedeckten Basteltisch bereit. Jedes Kind füllt eine Handvoll Mungobohnen, Kichererbsen oder Luzernensamen in sein Glas und füllt dies ungefähr bis zur Hälfte mit warmem Wasser auf. Das Glas wird dann mit dem Deckel verschlossen und über einem Spülbecken umgedreht, sodass das gesamte Wasser durch die Löcher herausfließt.

Mein Tipp für die Praxis

Lassen Sie die Kinder **beim gemeinsamen Mittagessen** beispielsweise ihre Suppen oder Salate mit den selbst gezogenen Sprossen verfeinern, indem sie diese einfach darüberstreuen. Sprossen aus Hülsenfrüchten sollten Sie vorab abkochen. So erhalten die Kinder wertvolle Vitamine und können sich zugleich über das tolle Ergebnis ihres gärtnerischen Projekts freuen.

Informieren Sie sich unbedingt vorab über etwaige Allergien der Kinder.

Die verschlossenen Gläser werden nun für drei Tage an einen dunklen Ort (z. B. in einen Schrank oder einen Raum ohne Fenster) gestellt. Jeden Tag holen die Kinder ihr Glas hervor und füllen es zur Hälfte mit kaltem Wasser, das sie anschließend durch die Löcher im Schraubdeckel wieder über dem Spülbecken ausgießen. So werden die Mungobohnen, Kichererbsen oder Luzernensamen gut durchgespült.

Nach der Zeit an einem dunklen Ort werden die Gläser noch drei Tage an einem hellen Ort gelagert und die Kinder spülen die Mungobohnen, Kichererbsen oder Luzernensamen wieder täglich mit kaltem Wasser durch.

Sobald sich kleine Wurzelschwänzchen gebildet haben, sind die Sprossen fertig. Zupfen Sie die Sprossen vorsichtig ab und spülen Sie diese vor dem Essen mit kaltem Wasser ab.

MIT GEDULD WIRD AUS DEM KERN EINE PFLANZE

AVOCADO SELBER ZIEHEN

ganzjährig möglich

Aus einem Avocadokern eine Pflanze zu ziehen, ist im Grunde einfach. Es braucht allerdings viel Pflege durch tägliches Wasserwechseln, sehr viel Geduld und auch eine gute Portion Glück – denn es gelingt nicht immer.

Sachwissen: köstliche Avocado

Avocados werden bei uns sehr gern gegessen. Vor allem in den letzten Jahren sind sie immer beliebter geworden als Brotaufstrich oder Zutat für herzhafte und süße Gerichte. Jedoch sind sie bei uns nicht beheimatet. Das bedeutet, sie müssen erst mit dem Flugzeug weite Strecken zurücklegen, bevor sie bei uns auf dem Teller landen. Zudem erfordert der Anbau von Avocados einen hohen Wasserverbrauch. Aus ökologischen und Klimaschutzgründen sollten Avocados deshalb lieber selten, dafür aber dann mit viel Genuss verzehrt werden.

Vorbereitung:

Halbieren Sie die Avocado vorsichtig mit dem Messer. Heben Sie mit einem Esslöffel den Kern heraus. Waschen Sie ihn gründlich und trocknen Sie ihn ab. Aus dem Fruchtfleisch der Avocado können Sie mit den Kindern in einem hauswirtschaftlichen Angebot einen leckeren Dip selbst herstellen (siehe „Mein Tipp für die Praxis“ auf der nächsten Seite).

Los geht’s:

Legen Sie die Materialien bereit. Befüllen Sie gemeinsam mit den Kindern das Marmeladenglas bis knapp unter den Rand mit lauwarmem Wasser. Stecken Sie die Zahnstocher in gleichmäßigem Abstand zueinander rundherum etwa zwei bis fünf mm tief in den Avocadokern. Legen Sie den Kern nun mit der Spitze nach oben auf das

Alter:	ab 3 Jahre
Gruppengröße:	4 Kinder
Ort:	Gruppenraum
Dauer:	ca. 10 Minuten + Keimzeit

Material:

- 1 reife Avocado
- 1 Messer
- 1 Esslöffel
- 3 Zahnstocher
- 1 großes Marmeladenglas
- Wasser
- 1 kleiner Pflanztopf mit Untersetzer
- torffreie Gartenerde

© Geza Molnar – Shutterstock.com

Marmeladenglas, sodass der untere Teil im Wasser hängt. Die Zahnstocher sorgen dafür, dass der Kern nicht hineinfällt. Stellen Sie das Glas an einen hellen und warmen Ort. Nun heißt es warten.

Wechseln Sie das Wasser gemeinsam mit den Kindern am besten jeden Tag, mindestens jedoch jeden zweiten. Es ist wirklich Geduld gefragt: Erst nach ungefähr vier Wochen bricht der Kern auf und es bilden sich Wurzeln. Manchmal dauert das auch bis zu zehn Wochen. Wenn der Kern ausreichend Wurzeln gebildet hat, kann er in einen Pflanztopf gesetzt und mit Erde bedeckt werden. Dabei sollte die Spitze bzw. der frische Spross oben aus der Erde herausschauen. Auch jetzt noch sollte die Pflanze feucht gehalten und mehrmals in der Woche gegossen werden. Mit etwas Glück wächst eine wunderschöne Zimmerpflanze heran. Nur in seltenen Fällen, frühestens nach ein paar Jahren, gelingt es, dass die Pflanze Früchte trägt.

Mein Tipp für die Praxis

Aus dem Inneren der reifen Avocado können Sie gemeinsam mit den Kindern **einen leckeren Avocadodip** für eine kleine Kindergruppe zubereiten. Dazu zerdrücken Sie das Fruchtfleisch mit einer Gabel. Geben Sie zwei Esslöffel Frischkäse und etwas Limettensaft hinzu. Dann verrühren Sie alles und schmecken den Dip noch mit ein wenig Salz und Pfeffer ab. Der Dip passt hervorragend zu frischen Gemüseschnitzen.

Informieren Sie sich unbedingt vorab über etwaige Allergien der Kinder.

AUS EINER ALTEN ZWIEBEL ENTSTEHT EINE NEUE

REGROWING

ganzjährig möglich

Beim Kochen bleiben oft viele Gemüsereste zurück. Stopp! Diese müssen nicht auf dem Kompost oder im Biomüll landen. Aus vielen vermeintlichen Abfällen lässt sich nämlich wieder neues Gemüse ziehen.

Sachwissen: Regrowing

Das Wort Regrowing kommt aus dem Englischen und bedeutet übersetzt: „etwas nachwachsen zu lassen" (*grow* = wachsen). Das bedeutet, Gemüseabfälle werden nicht in den Müll geworfen. Stattdessen gibt es einfache Kniffe, um Gemüsereste neu austreiben zu lassen und so kleine Gemüsepflanzen oder sogar direkt ganze Gemüsestücke zu erhalten, mit denen dann wieder gekocht werden kann. Ein spannender Kreislauf.

Besonders geeignete Gemüsesorten für Regrowing sind: Lauch, Stangensellerie, Frühlingszwiebeln und Karotten. Dabei bekommt man gleich ein neues Stück Gemüse. Beim Regrowing von Kartoffeln und Tomaten beispielsweise zieht man ein neues Gemüsepflänzchen heran.

Alter: ab 3 Jahre
Gruppengröße: 4 Kinder
Ort: Gruppenraum
Dauer: ca. 15 Minuten + Wurzel- und Wachstumszeit

Material:
- 1 Lauchzwiebelende mit Wurzeln
- 1 Glas
- 1 kleiner Pflanztopf mit Untersetzer
- torffreie Gartenerde

Los geht's:

Legen Sie alle Materialien bereit. Zeigen Sie den Kindern den kleinen Rest der Lauchzwiebel und erläutern Sie ihnen das Prinzip des Regrowing. Füllen Sie ganz wenig Wasser in das Glas und stellen Sie das Zwiebelende mit den Wurzeln nach unten hinein. Wichtig ist, dass wirklich nur der Wurzelrest mit Wasser in Verbindung kommt!

Jetzt braucht es viel Sonne, regelmäßig frisches Wasser und Geduld. Stellen Sie das Glas auf die Fensterbank. Das Wasser sollte täglich gewechselt werden. Nach ungefähr einer Woche entwickeln sich neue kleine Wurzeln an der Lauchzwiebel. Diese sollten noch etwas wachsen dürfen. Nach ungefähr 14 Tagen können die Zwiebelwurzeln in den Pflanztopf mit Erde umziehen und dort weiterwachsen. Dazu wird der Pflanztopf etwa bis zur Hälfte mit der Erde befüllt. Setzen Sie die angewurzelte Lauchzwiebel vorsichtig hinein. Jetzt heißt es warten, bis die Lauchzwiebel wieder austreibt und eine neue verwertbare Zwiebel entsteht. Nach frühestens einer Woche ist sie erntereif.

Mein Tipp für die Praxis

Während Sie gemeinsam mit den Kindern den Zwiebelrest gießen und geduldig auf eine neue, komplette Zwiebel warten, können Sie das folgende **Gießlied** auf die bekannte Melodie des alten Kinderliedes „Wer will fleißige Handwerker sehn" singen:

Wer will fleißige Gärtner sehn,
der muss zu uns Kindern gehen.
Wir pflanzen ein, wir pflanzen ein.
Die Zwiebel wird bald gewachsen sein.

Das Lied können Sie natürlich beliebig umgedichtet auch für andere gärtnerische Projekte singen.

FRÜHLING IN DER SUPPENTERRINE

ZWIEBELPFLANZEN ZIEHEN

Winter und Frühling/ bis März

Holen Sie mit Frühblühern den Frühling erst in die Gruppe und dann ins Freie. Blumenzwiebeln, die eigentlich im Herbst in Blumenbeete gesetzt werden und dort im Frühjahr langsam aus der Erde schauen und zu blühen beginnen, können auch im Gruppenraum gezogen werden und dort Freude bereiten, bevor sie dann nach draußen gepflanzt werden.

Sachwissen: blühende Zwiebelpflanzen

Zwiebelpflanzen sind in der Regel pflegeleicht und erfreuen uns nahezu ganzjährig. Die meisten von ihnen sind winterhart, beispielsweise Tulpen, Narzissen, Hyazinthen oder Schneeglöckchen.

Alter:	ab 3 Jahre
Gruppengröße:	Kleingruppe
Ort:	Gruppenraum
Dauer:	ca. 20 Minuten

Material:

- 1 große alte Suppenterrine
- 2 Handvoll kleine Kieselsteine
- Blumenzwiebeln von Narzissen, Hyazinthen, Tulpen
- torffreie Gartenerde

Los geht's:

Legen Sie die Materialien am abgedeckten Basteltisch bereit. Die Kinder füllen Kieselsteine in die Suppenterrine, sodass deren Boden bedeckt ist. Die Steine dienen später als Ablaufschicht für das Gießwasser, damit es nicht zu Staunässe kommt und die Blumenzwiebeln nicht faulen. Nun folgt eine Schicht Erde, dann können die Kinder die Zwiebeln in die Terrine setzen. In die Mitte pflanzen sie die Hyazinthenzwiebeln, außen die Narzissen- und Tulpenzwiebeln. Die Zwischenräume füllen die Kinder mit der Erde auf und drücken diese gut fest. Nun können die Kinder die gepflanzten Blumenzwiebeln angießen. Es dauert ca. drei bis vier Wochen, bis die Blumenzwiebeln blühen.

Sobald die Blätter anfangen zu verwelken, ist es Zeit, die Pflanzen nach draußen zu setzen. Dort können die Blumenzwiebeln dann im nächsten Jahr wieder austreiben.

Mein Tipp für die Praxis

Sollten Sie in der Kita keine Möglichkeit haben, die Pflanzen ins Außengelände zu setzen, fragen Sie doch bei **Kolleg*innen oder Eltern** nach, ob jemand die Blumenzwiebeln zu Hause im Garten oder auf dem Balkon einpflanzen möchte. Es wäre schade, wenn diese nicht mehr verwendet würden.

WILLKOMMEN BEIM BOHNEN-TV

BOHNENZIEHEN LEICHT GEMACHT

Frühling/ Ende April, Anfang Mai

Seit vielen Generationen ist es bei Kindern sehr beliebt, selbst Bohnen zu ziehen. Das liegt unter anderem daran, dass es ziemlich schnell geht und recht gelingsicher ist. Das macht dieses Angebot besonders attraktiv. Mit dieser Methode in wiederverschließbaren Plastiktüten können die Kinder sogar jeden einzelnen Wachstumsschritt beobachten und haben so ihr eigenes „Bohnen-TV".

Sachwissen: Kraftpaket Bohne

Bohnen gehören zu den Hülsenfrüchten. Sie bringen viele gesundheitliche Vorteile mit sich. Beispielsweise enthalten sie viel Eisen und Eiweiß sowie wertvolle Vitamine und Mineralstoffe. Als Bohne werden sowohl die länglichen oder nierenförmigen Samen als auch die Hülse mit den Samen und die Pflanze bezeichnet.

Alter: ab 3 Jahre
Gruppengröße: 6 Kinder
Ort: Gruppenraum
Dauer: ca. 20 Minuten

Material:

- 1 Schüssel
- 1 Stift zum Beschriften der Gefrierbeutel
- Klebeband
- ggf. Fotokamera, Smartphone oder Tablet zur Dokumentation

Für jedes Kind:

- 1 wiederverschließbarer Gefrierbeutel
- 1 Blatt Küchenkrepp
- 1 getrocknete Limabohne

© Natallia K – Shutterstock.com

Los geht's:

Legen Sie die Materialien am abgedeckten Basteltisch bereit. Füllen Sie die Schüssel mit Wasser. Alle Kinder schreiben, ggf. mit Ihrer Hilfe, ihren Namen auf den Gefrierbeutel. Dann feuchten sie ihr Blatt Küchenkrepp in der Wasserschüssel an und wringen es gut aus. Dieses Blatt schieben sie gefaltet in ihren Gefrierbeutel und legen darauf ihre Bohne. Anschließend verschließen sie den Beutel gut. Überprüfen Sie dies sicherheitshalber. Alle Gefrierbeutel werden nun an einem hellen Fenster mit Klebeband festgeklebt.

Nun heißt es für alle erst einmal warten – aber nicht lang: Schon nach ein paar Tagen sprießen feine weiße Wurzeln aus den Bohnen. Dann treiben grüne Stängel aus und zum Schluss bekommt die Bohnenpflanze erste grüne Blätter. Nach ungefähr acht Tagen können die Bohnen in die Erde gepflanzt werden. Sie benötigen dann mehr Platz, um weiterwachsen zu können.

Achtung!

Sollte die Bohne nach fünf Tagen nicht aufgegangen sein, wird dies auch nicht mehr geschehen. Versuchen Sie es dann mit einer neuen Bohne.

Mein Tipp für die Praxis

Fotografieren und dokumentieren Sie gemeinsam mit den Kindern jeden einzelnen Wachstumsschritt der Bohnen mit Fotos und ggf. mit Notizen. So können Sie ein Wachstumsprotokoll anlegen. Natürlich können Sie dies auch auf einer Fotowand für die Eltern dokumentieren.

HEUTE WIRD BUNT GEZAUBERT

TULPEN SELBST FÄRBEN

Frühling

Dieser Experimentklassiker ist jedes Mal wieder faszinierend und vor allem wunderschön anzusehen. Lassen Sie die Kita-Kinder staunen, während sie beobachten, wie ihre Tulpe in nur wenigen Stunden die Farbe wechselt.

Sachwissen: Wassertransport in Pflanzen

Alle Pflanzen transportieren Wasser von der Wurzel bis in die Blüte. Dort verdunstet es durch winzige Spaltöffnungen an den Blättern wieder. Diesen Wasserkreislauf in der Pflanze machen wir uns zunutze. Denn wenn Wasser, wie in diesem Experiment, gefärbt ist, bleibt die Farbe in den Blütenblättern zurück. An den Rändern der Blüten ist die Färbung am deutlichsten zu sehen.

© AnnaKT – Shutterstock.com

Los geht's:

Legen Sie die Materialien am abgedeckten Basteltisch bereit. Befüllen Sie mit den Kindern die Gläser zur Hälfte mit Wasser und geben Sie in jedes Glas ein bisschen Lebensmittelfarbe. Schneiden Sie die Tulpen unten am Stiel mittig ein Stück mit dem Messer ein. Dann könne die Tulpen in die Gläser gestellt werden. Am besten platzieren Sie die Gläser an einem sicheren Ort, an dem sie dennoch gut gesehen

Alter: ab 3 Jahre
Gruppengröße: gesamte Gruppe
Ort: Gruppenraum
Dauer: ca. 15 Minuten

Material:
- 3 hohe, schmale Gläser
- 3 weiße Tulpen
- Lebensmittelfarbe, Blau, Gelb und Rot, *alternativ:* farbige Tinte
- 1 scharfes Messer
- ggf. Fotokamera, Smartphone oder Tablet

werden, denn in den nächsten Stunden passiert es: Die weißen Tulpenblätter werden farbig. Wenn Sie mögen, können Sie gemeinsam mit den Kindern auf Fotos festhalten, wie sich die Tulpen langsam einfärben. Wem das nicht genug ist, der dreht ein Zeitraffervideo. Das können Sie im Anschluss gemeinsam anschauen, wenn Sie das Experiment reflektieren.

Sie können das Experiment auch erweitern, indem Sie eine Tulpe gleichzeitig in zwei unterschiedliche Farbgläser stellen. Dafür schneiden Sie den Tulpenstängel mit dem Messer fast bis zur Blüte in zwei Hälften. Die eine Stängelhälfte kommt in das eine Farbglas, die andere Hälfte in das andere Glas. Jetzt färben sich die Blüten zweifarbig.

Mein Tipp für die Praxis

Während Sie darauf warten, dass die weißen Tulpenblüten farbig werden, können Sie mit den Kindern einen **Tulpentanz** zu ruhiger Musik einüben. Dafür erhält jedes Kind ein Chiffontuch in einer der für Tulpen typischen Farben: Weiß, Gelb, Rot oder Orange.

Alle Kinder gehen mit ihrem Chiffontuch in der Hand in eine tiefe Hocke. Wie eine Tulpe wachsen sie nun nach und nach immer höher und höher. Sobald die Kinder vollständig stehen, schwenken sie ihr Chiffontuch hin und her und drehen sich einmal um ihre eigene Achse. Diesen Tanz können Sie beliebig oft wiederholen. Schön ist auch, dabei gemeinsam das liebste Frühlingslied anzustimmen oder von CD abzuspielen.

IM NU WERDEN AUS EINER PFLANZE MEHRERE

GRÜNLILIEN DURCH ABLEGER VERMEHREN

Frühling und Sommer

Grünlilien sind sehr pflegeleichte Pflanzen, die einfach und schnell vermehrt werden können. Sie benötigen wenig Wasser und sind durch den geringen Pflegeaufwand besonders gut als Zimmerpflanzen für die Kita geeignet. Hinzu kommt, dass sie für gute Luft in Räumen sorgen.

Sachwissen: Pflanzenableger

Ableger nennt man die kleinen Pflänzchen, die sich aus einer Mutterpflanze bilden. Aus diesen „Babypflänzchen" können dann wiederum große Pflanzen werden, wenn Ableger Wurzeln bekommen und eingepflanzt werden.

Ableger bilden sich besonders schnell, wenn die Pflanzen gleichmäßig feucht, aber nicht nass gehalten werden. Einen Ableger einer Grünlilie erkennt man daran, dass er fast genauso aussieht wie die Mutterpflanze und an einem Blütenstand lang an dieser herunterhängt (siehe Foto unten links).

Neben der Grünlilie sind Agaven, Orchideen und Erdbeeren bekannt dafür, Ableger zu produzieren.

© TuktaBaby – Shutterstock.com

© Megan Czarnocki – Shutterstock.com

Alter: ab 3 Jahre
Gruppengröße: Kleingruppe
Ort: Gruppenraum
Dauer: ca. 30 Minuten

Material:

- 1 Grünlilienpflanze mit ausreichend Ablegern
- 1 Messer
- Anzuchterde
- Klebeetiketten
- 1 Stift

Für jedes Kind:

- 1 kleines Glas mit Wasser
- 1 Pflanztopf mit Untersetzer

Los geht's:

Legen Sie die Materialien auf einer gut geschützten Arbeitsfläche bereit. Suchen Sie einige Ableger, die bereits relativ groß sind und mindestens fünf Blätter haben. Diese können Sie dann mit einem Messer vorsichtig und möglichst nah an der Mutterpflanze abschneiden. Die Kinder schreiben, ggf. mit Ihrer Hilfe, ihren Namen auf die Klebeetiketten und kleben diese auf ihr Glas. Die Kinder füllen Wasser in ihr beschriftetes Glas und stecken ihren Ableger hinein. So kann jedes die Wurzelbildung an seinem Ableger beobachten.

An einem sonnigen Ort können die Ableger nun Wurzeln bilden. Es ist es wichtig, das Wasser regelmäßig zu wechseln. Es dauert etwa ein bis zwei Wochen, bis die Ableger genügend Wurzeln entwickelt haben. Dann können sie in einen Pflanztopf mit Erde gesetzt und angegossen werden.

Mein Tipp für die Praxis

Grünlilien bilden schnell viele Ableger und sind unkompliziert in der Pflege. Sie sind deshalb auch optimal als **kleines Geschenk** oder Mitbringsel geeignet. Dafür können die Kinder einen kleinen Pflanztopf aus Ton selbst bemalen – mit Klarlack darüber bleibt er länger schön. Anschließend pflanzen die Kinder, wie oben beschrieben, die selbst gezogenen Ableger hinein und können stolz ein kreatives, selbst gemachtes Geschenk überreichen.

Anschließend stellen die Kinder die Pflanze an einen hellen Ort, der zugleich keine direkte Sonneneinstrahlung hat. Die gepflanzten Grünlilienableger sollten die Kinder nur etwa einmal in der Woche gießen, damit die Wurzeln während der Anwuchsphase nicht faulen.

GÄRTNERN IM AUSSENBEREICH

© Rawpixel.com – Shutterstock.com

MEIN BEET WIE IM MITTELALTER

ROTKOHL, ERBSEN UND SELLERIE

Erbsen:
Ende Winter/Anfang März
Rotkohl:
Frühling/Mitte Mai
Sellerie:
Frühling/Mitte Mai

Im Mittelalter galt Gemüse als Essen für die armen Leute. Fleisch dagegen bezeichnete man als Lebensmittel für reiche Menschen. Deshalb wurden arme Bauern auf Bildern auch meist mit Gemüse in der Hand abgebildet. Diese Einstellung hat sich inzwischen glücklicherweise geändert und wir alle wissen um die gesundheitlichen Vorteile, die eine gemüsereiche Ernährung mit sich bringt.

Sachwissen: Gemüse im Mittelalter

Im Mittelalter gab es viele Gemüsesorten noch nicht, die wir heute kennen. Vor allem die, die aus fernen Ländern zu uns gekommen sind. Angebaut wurden damals vor allem Kohl, Erbsen, Pastinaken, Sellerie und Petersilie. Grüne Bohnen, Kartoffeln und Mais gab es erst sehr viel später.

Vorbereitung:

Wichtig ist die Vorbereitung des Beetes. Das können Sie gemeinsam mit den Kindern tun. Lockern Sie die Erde mit einer Harke und düngen Sie diese. Dafür eignet sich Komposterde am besten. Für eine Fläche von 1-mal-1-Meter werden ungefähr drei Liter Komposterde verwendet.
Ziehen Sie nun die Anbaurillen. Dazu legen Sie eine Schnur in möglichst gerader Linie waagrecht auf das Beet und fahren mit einem Schaufelstiel die Linie nach. So entsteht eine Furche. Im Abstand von ca. 40 cm zueinander ziehen Sie insgesamt drei Furchen. Das sind Ihre Pflanzreihen.

Alter: ab 5 Jahre
Gruppengröße: 4 Kinder
Ort: Außenbereich
Dauer: ca. 40 Minuten + Wachstumsphase

Material:

- 1 Beet
- Komposterde (entweder frisch aus dem eigenen Komposter oder gekauft)
- 1 Schaufel mit Stiel
- 1 Knäuel dicke Schnur
- mehrere Zuckererbsenpflanzen: Ende Winter/Anfang März
- mehrere Rotkohlpflanzen: Frühling/Mitte Mai
- mehrere Selleriepflanzen: Frühling/Mitte Mai

Los geht's:

Legen Sie die passenden Materialien bereit.

Sie starten Anfang März:
In die erste Reihe des Beetes pflanzen die Kinder die Zuckererbsenpflänzchen. Dazu heben sie mit einer Schaufel kleine Vertiefungen aus, in die die Pflänzchen gesetzt werden. Der Abstand zwischen den einzelnen Pflanzen sollte etwa 5 cm betragen.

Im Mai geht es weiter:
In die zweite Pflanzreihe setzen die Kinder den Rotkohl. Dazu heben sie mit einer Schaufel kleine Vertiefungen aus, in die die Pflänzchen gesetzt werden. Der Abstand zwischen den einzelnen Pflanzen sollte mindestens 50 cm betragen.
In der dritten Pflanzenreihe des Beetes pflanzen die Kinder die Selleriepflänzchen ein. Dazu heben sie mit einer Schaufel kleine Vertiefungen aus, in die die Pflänzchen gesetzt werden. Der Abstand zwischen den einzelnen Pflanzen sollte mindestens 35 cm betragen.

Mein Tipp für die Praxis

Sie können zusammen aus allen drei Gemüsesorten mit den Kindern im Herbst **einen mittelalterlichen Eintopf kochen**. Dazu werden die Gemüsesorten (Rotkohl und Erbsen nach der Ernte zunächst einfrieren) klein geschnitten und im Topf mit Öl angeschwitzt. Füllen Sie das Gemüse nach einigen Minuten mit etwa einem Liter Gemüsebrühe auf und lassen Sie alles etwa 20 Minuten bei mittlerer Hitze leicht köcheln. Für mehr Aroma können noch Zwiebeln und Schmand hinzugegeben werden.
Guten Appetit!

Informieren Sie sich unbedingt vorab über etwaige Allergien der Kinder.

Alle drei Gemüsesorten mögen es feucht und sollten regelmäßig gegossen werden. Erntezeit für den Rotkohl ist im Juni, für den Sellerie im Oktober und für die Erbsen ungefähr zwei Monate nach dem Einpflanzen.

KNOLLEN AUS DEM EIMER

KARTOFFELN PFLANZEN

Frühling/
März, April

Kartoffeln sind sowohl bei Kindern als auch bei den meisten Erwachsenen sehr beliebt. Sie sind gesund, sättigend und es lassen sich sehr viele leckere Gerichte aus ihnen zaubern. Es ist sehr einfach, die Knollen selbst anzubauen. Dafür benutzt man am besten Saatkartoffeln oder Kartoffeln in Bioqualität. Beide sind nicht mit Keimhemmern behandelt.

Sachwissen: Kartoffeln sind auch giftig

Kartoffeln gehören zu den Nachtschattengewächsen wie auch Tomaten oder Auberginen. Das bedeutet, dass die noch grünen Knollen und auch die Triebe der Kartoffeln das Pflanzengift Solanin enthalten. Das soll die Pflanzen vor Feinden schützen. Für Menschen ist Solanin leicht giftig. Deshalb sollten wir weder grüne noch ausgetriebene Kartoffeln essen.

Vorbereitung:

Stellen Sie die Kartoffeln und den Eierkarton bereit. Die Kinder legen je eine Kartoffel in eine Vertiefung des Eierkartons. Der geöffnete Karton wird nun für ein paar Tage an einem kühlen, aber hellen Ort gelagert. Die optimale Keimtemperatur liegt bei ungefähr 15 Grad. So gelingt das Auskeimen am sichersten. In der Zeit entwickeln die Kartoffeln kleine Wurzeln. Sie keimen. Wenn alle Kartoffeln gekeimt haben, kann es weitergehen.

Alter: ab 3 Jahre
Gruppengröße: 6 Kinder
Ort: Außenbereich
Dauer: ca. 15 Minuten + Keimdauer und Wachstumsphase der Kartoffeln

Material:
- 6 Saat- oder Biokartoffeln
- 1 leerer Eierkarton
- 2 Eimer für den Kartoffelanbau
- 1 Eimer zum Mischen
- ca. 3 kg Stroh
- torffreie Gartenerde

Los geht's:

Legen Sie die Materialien auf die abgedeckte Arbeitsfläche. Die Kinder geben ein paar Handvoll Stroh als Grundlage in die beiden Eimer. In einem anderen Eimer mischen die Kinder nun mithilfe von Schaufeln Stroh und Erde ungefähr zu gleichen Teilen gut miteinander. Jeden Eimer befüllen sie etwa zur Hälfte mit der Stroh-Erde-Mischung und geben mit der Gießkanne einen großzügigen Schluck Wasser hinein. Sobald das Wasser versickert ist, legt jedes Kind eine Kartoffel in einen Eimer. In jeden Eimer werden drei Kartoffeln gelegt und mit Erde bedeckt. Nun können die Kartoffeln wachsen. Die Erde sollte immer feucht gehalten werden. Achten Sie darauf, dass die Kinder beim Gießen nach Möglichkeit nicht die Blätter benetzen, da sich sonst leicht Pilzerkrankungen entwickeln können.

Jetzt heißt es warten. Nach einigen Wochen sprießt das erste Grün. Nun sollten die grünen Triebe unbedingt mit Erde bedeckt werden, sodass nur noch die Spitzen heraussehen. Dadurch bilden sich mehr Knollen in der Erde. Sobald das Grün welk wird und abstirbt, ist der richtige Zeitpunkt, die Kartoffeln zu ernten. Das ist je nach Sorte etwas unterschiedlich. Um zu ernten, können die Kinder einfach die Pflanzen vorsichtig herausziehen und mit den Händen in die Erde greifen, um die Kartoffeln zu fassen.

Mein Tipp für die Praxis

Schneiden Sie zusammen mit den Kindern aus den selbst geernteten und geschälten Kartoffeln **Pommes Frites** und bereiten Sie diese im Backofen zu: einfach bei 180 Grad Umluft etwa 30 Minuten lang backen, bis sie leicht gebräunt sind.

Für die Kinder ist es interessant, zu sehen, wie eines ihrer beliebtesten Gerichte ganz leicht selbst hergestellt werden kann.

Informieren Sie sich unbedingt vorab über etwaige Allergien der Kinder.

SÜẞE FRÜCHTE AUS DEM KÜBEL

ERDBEEREN PFLANZEN

*Frühling/
März bis Mai*

Viele Kinder und Erwachsene nennen Erdbeeren als liebstes Obst, weil sie so süß aromatisch schmecken. Da sie sehr pflegeleicht sind und mehrere Jahre tragen – manche Sorten sogar mehrmals im Jahr – eignen sie sich gut für den Anbau in der Kita.

Sachwissen: Erdbeersorten

Es gibt viele verschiedene Sorten von Erdbeeren. Die Gartenerdbeeren sind die bekanntesten. Bei ihnen kann man im Juni und im Juli mit der Ernte rechnen. Etwas anders ist das z. B. bei den Monatserdbeeren. Ihre Früchte können kontinuierlich von Juni sogar bis in den Herbst hinein geerntet werden – dafür jeweils nur in sehr kleinen Mengen.

Los geht's:

Legen Sie die Materialien bereit. Die Kinder befüllen den Pflanzkübel zuerst mit einer Schicht aus grobem Kies, bis der Boden bedeckt ist. Dann schaufeln sie ungefähr bis zur Hälfte Erde hinein. Die Erdbeerpflanzen haben so während des Wachstumes noch Halt durch den Topf. Mit den Händen graben die Kinder jeweils eine kleine Kuhle und setzen die Erdbeerpflanzen hinein. Dabei sollte Abstand (ca. 30 cm) zueinander eingehalten werden, damit es den Erdbeeren später nicht

Alter: ab 3 Jahre
Gruppengröße: 6 Kinder
Ort: Außenbereich
Dauer: ca. 15 Minuten + Blüte- und Reifezeit der Erdbeeren

Material:
- 1 großer Blumenkübel mit Abflusslöchern, *alternativ:* 1 großer Tontopf oder 3 kleine Töpfe
- etwas grober Kies
- 3 Erdbeerpflanzen, z. B. Sorte Senga Sengana (süß und ertragreich)
- torffreie Gartenerde

zu eng wird. Die Pflanzen sind dann richtig eingepflanzt, wenn die Wurzeln nicht mehr aus der Erde heraussehen. Sobald die Erdbeerpflanzen in der Erde sind, sollten sie gleich angegossen werden.

Achten Sie gemeinsam mit den Kindern darauf, dass die Erde der Erdbeerpflanzen nicht zu trocken wird, und gießen Sie regelmäßig. Sobald die ersten Blüten zu sehen sind, wissen Sie, dass in wenigen Wochen geerntet werden kann.

Mein Tipp für die Praxis

Stellen Sie mit den Kindern der Gruppe aus den selbst gezogenen und geernteten Erdbeeren **köstliches Erdbeereis** her.

Zutaten für 6 Personen:
(für mehr Personen entsprechend hochrechnen)
- 300 g gewaschene Erdbeeren
- 200 g Naturjogurt
- 200 ml Sahne
- 100 g Zucker oder Honig

Benötigte Arbeitsmaterialien:
- 1 Schüssel
- 1 Esslöffel
- 1 Pürierstab
- 1 gefriergeeignete Form mit Deckel

Pürieren Sie die Erdbeeren mit dem Pürierstab so fein wie möglich. Lassen Sie die Kinder die Erdbeermasse mit dem Naturjoghurt, der Sahne und dem Zucker verrühren. Geben Sie die Eismasse in eine Form und verschließen Sie diese fest. Lassen Sie das Eis über Nacht gefrieren. Guten Appetit!

Informieren Sie sich unbedingt vorab über etwaige Allergien der Kinder.

KNACKIG, LECKER UND VITAMINREICH

KAROTTEN SELBST ZIEHEN

Frühling und Sommer/ März bis Juni

Knackige und süße Karotten sind bei den meisten Kindern sehr beliebte Rohkost. Deshalb sind sie ein schönes Gartenprojekt für die Kita. Die Aussaat der Karottensamen kann ab März erfolgen. Der ideale Zeitpunkt hängt von der gewählten Sorte und vom Standort ab. Es sollte jedoch kein Frost mehr herrschen. Wenn Sie sehr früh im Frühjahr säen, können Sie die keimenden Samen zum Schutz vor Frost mit einer Folie abdecken.

Sachwissen: vielseitige Karotte

Karotte ist gleich Karotte, oder? Kaum zu glauben, aber es gibt mehr als 300 verschiedene Karottensorten. Manche davon sind sogar weiß oder lila gefärbt. Eine Sorte, die sich z. B. hervorragend zum Snacken in der Kita eignet, ist Sugarsnax. Das ist eine süße, zarte sogenannte Naschmöhre.

Interessant ist auch, dass die Karotte in verschiedenen Teilen Deutschlands ganz unterschiedliche Namen hat. Sie wird beispielsweise auch Möhre, gelbe Rübe oder Wurzel genannt. Karotten können sowohl im Beet als auch im Balkonkasten oder Kübel angepflanzt werden. Zimmertemperatur eignet sich allerdings nicht für den Karottenanbau. Wer Karotten sät, braucht Geduld: Es dauert etwa drei Monate, bis sie endlich geentet werden können.

Los geht's:

Legen Sie die Materialien bereit. Die Kinder füllen mit Schaufeln die Erde in die Blumenkästen und geben etwas Sand hinzu. Harken Sie gemeinsam die Erde locker auf. In einem Abstand von ca. 1 bis 5 cm zueinander legen die Kinder nun die Karottensamen auf die Erde und drücken sie dann etwa 1 bis 2 cm tief hinein. Sie können ein Lineal zur Kontrolle verwenden. Wenn Sie ein Saatband und keine einzelnen Samen haben, gibt dieses den Abstand der Samen

Alter: ab 3 Jahre
Gruppengröße: 6 Kinder
Ort: Außenbereich
Dauer: ca. 30 Minuten + Wachstumsphase

Material:
- 2 Balkonkästen
- torffreie Gartenerde
- etwas Sand
- 1 Harke
- 1 Päckchen Karottensamen, z. B. Sugarsnax, *alternativ:* Karottensaatband
- ggf. Lineal
- ggf. Folie zum Abdecken

zueinander bereits vor. Auch das Saatband vergraben Sie etwa 1 bis 2 cm tief in der Erde. Bevor Erde daraufgelegt wird, sollte das Saatband unbedingt sehr gut gegossen werden. Nur so können die Samen darin keimen. Mit einem Saatband geht die Keimung meist etwas schneller. Suchen Sie gemeinsam einen sonnigen Standort für die Karotten aus.

Die Keimung der Karottensamen dauert ca. 20 Tage. Die Außentemperatur sollte dabei über 10 Grad liegen. Sie können die keimenden Samen zum Schutz vor Frost mit einer Folie abdecken. Die Karotten müssen regelmäßig gegossen werden und sollten feucht sein. Falls Unkraut zwischen den Karotten wächst, sollten Sie es gemeinsam auszupfen. Achten Sie darauf, dass dabei kein Karottenpflänzchen erwischt wird. Wenn das Karottenkraut groß und kräftig gewachsen ist, sind die Karotten erntebereit. Manchmal lugt sogar schon ein orangefarbener Wurzelansatz aus der Erde hervor.

Wichtig!

Leider gibt es auch Schädlinge, die die Karotten bedrohen, beispielsweise die Möhrenfliege. Denken Sie jedoch daran, dass Sie keinesfalls mit Schädlingsbekämpfungsmitteln arbeiten dürfen. Hilfreich kann es sein, bei Bedarf Zwiebeln und Lauch neben den Karotten anzupflanzen. Dieser Geruch schreckt Möhrenfliegen ab.

Mein Tipp für die Praxis

Steigern Sie die Vorfreude auf die Karotten mit einem **Spieleklassiker: Möhrenziehen.** Alle Spielenden bis auf ein Kind (dieses ist der Hase) legen sich mit dem Bauch auf den Boden und bilden einen Kreis. Die Köpfe liegen in der Mitte. Die Kinder fassen einander fest an den Händen. Das sind die Möhren bzw. Karotten. Das Hasen-Kind sucht sich eines der Kinder aus und versucht, das Kind zu lösen, indem es an den Beinen zieht. Gelingt es, ist das geerntete „Möhrenkind" ebenfalls ein Hase. Das Spiel ist zu Ende, wenn alle Karotten geerntet sind.

Wichtig! Sensibilisieren Sie die Kinder dafür, dass es bei diesem Spiel wichtig ist, nicht zu grob zu werden, damit sich niemand verletzt.

WUNDERSCHÖNES ROTES GEMÜSE

TOMATEN SÄEN

Frühling/ ab April

Tomaten gehören zu den Lieblingsgemüsesorten von Kindern. Sie schmecken nicht nur als aromatische Tomatensoße zu Nudeln oder auf einer Pizza. Besonders Cocktail- und Snacktomaten sind bei Kindern begehrt. Es gibt übrigens über 3.000 verschiedene Tomatensorten.

Sachwissen: Von der Zierpflanze zur Gemüsepflanze

Die Tomate ist in Deutschland eines der beliebtesten Gemüse. Im 16. Jahrhundert kam die Pflanze über Südamerika nach Europa. Zuerst wurde sie als reine Zierpflanze gepflegt. Bald fanden die Menschen heraus, dass die rot leuchtenden Früchte köstlich schmecken und zu vielen Gerichten verarbeitet werden können.

Vorbereitung:

Legen Sie die Tomaten, Messer, kleines Brett und die Teelöffel auf einer abgedeckten Arbeitsfläche bereit. Die Kinder waschen die Tomaten und Sie halbieren diese mit dem scharfen Messer. Jedes Kind bekommt eine halbe Tomate und legt sie auf sein kleines Brett. Mit dem Teelöffel heben die Kinder vorsichtig die Kerne heraus und legen sie gleich in das Sieb (siehe „Mein Tipp für die Praxis" auf der nächsten Seite). Lassen Sie die Kinder dabei zuschauen, wenn Sie die Kerne gründlich abspülen. Gemeinsam legen Sie die Kerne auf das ausgebreitete Geschirrtuch, auf dem sie nun an einem möglichst hellen und warmen Ort trocknen können. Dies dauert in der Regel ungefähr zwei bis drei Tage.

Alter: ab 3 Jahre
Gruppengröße: 6 Kinder
Ort: Außenbereich
Dauer: ca. 30 Minuten + Trockenzeit der Samen, Keimdauer und Wachstumsphase

Material:

- 3 reife Tomaten (z. B. Hellfrucht oder Dorenia)
- 1 scharfes Messer
- 1 Haarsieb
- 1 sauberes Geschirrtuch
- 1 Anzuchtkiste mit kleinen Fächern
- Anzuchterde
- 1 Stück Frischhaltefolie
- 1 Holzspieß
- Pflanzkübel oder Balkonkasten

Für jedes Kind:

- 1 kleines Brett
- 1 Teelöffel

Los geht's:

Legen Sie die getrockneten Tomatensamen und die übrigen Materialien bereit. Die Kinder befüllen die einzelnen Fächer der Anzuchtkiste mit Anzuchterde. In jedes Fach darf ein Samen gelegt werden. Mit dem Finger drücken die Kinder dafür eine kleine Kuhle ein. Darauf kommt mithilfe eines Löffels eine großzügige Schicht Anzuchterde. Diese ist nährstoffarm. Das fördert das Wurzelwachstum und macht die Pflanze widerstandskräftiger. Spannen Sie das Stück Frischhaltefolie über die Anzuchtkiste.

Gießen Sie gemeinsam mit den Kindern die Samen täglich. Die Erde darf nicht austrocknen. Nur so können die Samen keimen. Die Keimdauer beträgt ungefähr 10 bis 14 Tage. Sobald aus den Samen das erste Grün wächst, können Sie die Folie entfernen, damit die Samen ausreichend Luft bekommen.

Wenn die Tomatenpflänzchen ungefähr 2 bis 3 cm groß sind, können sie in Pflanzkübel oder Balkonkästen umziehen. Dazu entnehmen Sie vorsichtig einzeln jedes Pflänzchen der Anzuchtkiste und setzen es in den Pflanzkübel. Suchen Sie gemeinsam mit den Kindern einen passenden Standort im Außenbereich. Er sollte sonnig sein und dennoch regengeschützt. Jetzt heißt es Geduld haben, bis die Tomatenpflanzen wachsen und Früchte tragen. Je nach Sorte kann dies ungefähr 90 Tage dauern.

Mein Tipp für die Praxis

Die ausgehöhlten Tomaten können klein geschnitten und mit Kräutern sowie Salz und Pfeffer zu einem einfachen, aber köstlichen **Tomatensalat** verarbeitet werden.

SALATE, DIE NACHWACHSEN

LECKERE PFLÜCKSALATE

Frühling und Sommer/ ab April

Pflücksalat ist ganz besonderer Salat, denn er besteht nicht aus einem Salatkopf, der nur einmal geerntet wird, sondern aus einzelnen Blättchen, die dann gepflückt werden können, wenn man sie braucht. Das sagt der Name „Pflücksalat" eigentlich auch schon aus. Täglich kann man sich eine kleine Menge für den Salat abpflücken oder abschneiden und die Blätter wachsen anschließend wieder nach.

Sachwissen: vielseitige Pflücksalate

Es gibt viele verschiedene Sorten Pflücksalat, die alle anders schmecken. Die bekanntesten Pflücksalate sind: Lollo Rosso, Eichblattsalat, Fingersalat und Lollo Bionda. Pflücksalat gedeiht am besten an sonnigen Plätzen. Dann ist die Ernte auch am besten.

Alter: ab 3 Jahre
Gruppengröße: 6 Kinder
Ort: Außenbereich
Dauer: ca. 15 Minuten + Wachstumsphase

Material:
- 1 Hochbeet oder 1 Beet, *alternativ:* 1 Balkonkasten
- Anzuchterde
- 1 Päckchen Pflücksalatsamen (siehe unten „Mein Tipp für die Praxis“)

Los geht's:

Legen Sie die Materialien bereit. Die Kinder befüllen den Balkonkasten mithilfe von Schaufeln zur Hälfte mit Erde. Darauf werden die Pflücksalatsamen gelegt: Der Abstand sollte etwa 25 bis 30 cm zwischen den Reihen und 15 bis 20 cm in einer Reihe betragen. Mit dem Finger können die Kinder eine kleine Kuhle eindrücken, bevor sie die Samen hineinlegen und diese dann mit einer Schicht Erde bedecken. Jetzt gießen die Kinder die Samen mit der Gießkanne vorsichtig an. Stellen Sie den eingesäten Pflücksalat an einen sonnigen Ort und achten Sie darauf, dass die Erde feucht bleibt, damit der Salat gut wachsen kann.

Nach ungefähr sechs Wochen hat der Pflücksalat meist schon eine Höhe von 15 bis 20 cm erreicht. Jetzt kann zum ersten Mal geerntet werden! Wichtig ist dabei, dass die Blättchen immer von außen nach innen abgezupft werden. Die Mitte des Pflücksalates, das sogenannte Herzstück, muss unbedingt stehen bleiben. Nur so kann der Pflücksalat weiter wachsen und Sie können mit den Kindern immer wieder frischen Salat für das Mittagessen ernten.

Mein Tipp für die Praxis

Kaufen Sie vor der Durchführung dieses Angebots eine Auswahl verschiedener Pflücksalate auf dem Markt oder im Supermarkt. Lassen Sie die Kinder die verschiedenen **Salate kosten**. Stimmen Sie ab, welcher Pflücksalat allen am besten schmeckt und angebaut werden soll. Um den favorisierten Salat auszuwählen, können die Kinder einen kleinen Stein zu ihrem jeweiligen Lieblingssalat legen.

ZUCCHINI SELBST ZIEHEN

Frühling/ ab Mitte Mai

Die Zucchini ist ein Gemüse, das eine reiche Ernte beschert. Sie kann fast den ganzen Sommer lang geerntet werden. Besonders für Soßen wird die Zucchini aufgrund ihres milden Geschmacks sehr oft verwendet. Mit geriebenen Zucchini kann man auch köstliche Kuchen zubereiten oder mit einem Spiralschneider „Spaghetti" herstellen.

Sachwissen: Zucchini und Kürbis sind verwandt

Ihr Aussehen täuscht: Auch wenn die Zucchini die Schwester der Gurke sein könnte, so ist sie doch mit dem kugeligen Kürbis verwandt. Ja, sie gehört tatsächlich zu den Kürbisgewächsen und ist eine Unterart des Gartenkürbisses. Die Zucchini stammt ursprünglich aus Mittelamerika und kam erst vor wenigen Hundert Jahren zu uns nach Europa. In Deutschland ist sie sogar erst seit den 1970er-Jahren verbreitet. Ihr Name stammt aus dem Italienischen und ist die Verniedlichungsform von Zucca, Kürbis. Am Namen ist also schon die Verwandtschaft mit dem Kürbis ablesbar.

Alter:	ab 3 Jahre
Gruppengröße:	4 Kinder
Ort:	Außenbereich
Dauer:	10 Minuten + Vorziehdauer und Wachstumsphase
Material:	✿ 1 Hochbeet oder 1 Beet ✿ 3 Zucchinipflanzen

Los geht's:

Legen Sie die Materialien bereit. Zucchini sind sehr ertragreich, deshalb reichen für die Kita ungefähr drei Pflanzen. Ab Mitte Mai können Sie die Zucchinipflanzen direkt ins Beet pflanzen. Dazu machen Sie eine kleine Furche für die Pflanzen und setzen diesen mit einem Abstand von ungefähr 80 cm zueinander.

Nach einer gelben Blühphase wachsen kleine Zucchini an den Pflanzen. Auch die Blüten können gegessen werden. Sie sind z. B. eine hübsche, essbare Dekoration auf Salat oder Kuchen. Die Früchte liegen auf dem Boden auf, da die Pflanzen nicht in die Höhe ranken. Etwa ab Juni bis in den September hinein können die Zucchini geerntet werden. Achten Sie darauf, dass die Früchte nicht zu groß werden. Sie sollten eine Länge von ca. 20 cm nicht überschreiten. Kleine Zucchini schmecken nämlich besser, große können holzig werden.

Mein Tipp für die Praxis

Zucchini bilden wie gesagt oft sehr viele Früchte und es gibt meist reichlich Ernte. Manche bezeichnen sie sogar als regelrechte Zucchinischwemme. Um das Gemüse bestmöglich zu verwerten, können Sie gemeinsam mit den Kindern einen **„Zucchinimarkt"** veranstalten. Geben Sie das geerntete Gemüse doch gegen eine kleine Spende an die Familien ab. So freuen sich alle darüber. Lassen Sie sich aber im Vorfeld das Okay Ihres Trägers geben.

SONNENBLUMEN ZIEHEN

Frühling/ bis Ende April

Im späten Sommer ist die Zeit der Sonnenblumen. Fast überall leuchten sie dann in kräftigem Gelb und verbreiten gute Laune. Auch für den Anbau in der Kita sind die Sonnenblumen gut geeignet. Sie werden schon im Frühling ausgesät.

Sachwissen: bewegliche Sonnenblumenköpfe

Sonnenblumen haben eine ganz besondere und praktische Fähigkeit: Sie können ihre Blütenköpfe drehen und so der Sonne folgen. Ganz von allein richtet sich die Sonnenblume also immer an der Sonne aus. Am Morgen sind ihre Blütenköpfe nach Osten gerichtet, weil dort die Sonne aufgeht, am Mittag dreht sie sich mit dem Sonnenlauf Richtung Süden und zum Abend wendet sie ihre Blütenköpfe nach Westen. Diesen Vorgang nennt man „Heliotropismus". Das Wort kommt aus dem Griechischen und bedeutet übersetzt „Hinwendung zur Sonne".

Alter: ab 3 Jahre
Gruppengröße: gesamte Gruppe
Ort: Außenbereich
Dauer ca. 10 Minuten + Keimdauer und Wachstumsphase

Material:
- Anzuchterde

Für jedes Kind:
- 1 Pflanztopf mit Untersetzer
- 5 Sonnenblumensamen

Los geht's:

Legen Sie die Materialien bereit. Die Kinder befüllen ihren jeweiligen Pflanztopf mithilfe von Schaufeln zur Hälfte mit der Anzuchterde. Dann drücken sie fünf Samenkörner ungefähr daumentief in die Erde. Weil nicht unbedingt jedes Samenkorn aufgeht und keimt, sollte auch nicht nur eines pro Topf gesät werden.

Die frisch gesäten Sonnenblumen gießen die Kinder gut an. Dann suchen Sie gemeinsam einen schönen sonnigen Platz aus, an den sie die Pflanztöpfe mit den gesäten Sonnenblumensamen stellen. In den nächsten Wochen werden die Pflänzchen regelmäßig gegossen, sodass die Erde immer feucht ist. Nach etwa acht bis zwölf Wochen geduldigen Wartens blühen wunderschöne, fröhliche Sonnenblumen im Kita-Außengelände.

Mein Tipp für die Praxis

Betrachten Sie mit den Kindern **eine Postkarte oder einen Kunstdruck** des berühmten Sonnenblumenbildes von Vincent van Gogh (z. B. Postkarte aus einem Museumsshop, ein Kalenderblatt oder auf dem Tablet oder ein Ausdruck aus dem Internet). Wenn die Kinder Lust haben, können Sie versuchen, das berühmte Bild z. B. mit Aquarellstiften oder Wachsmalkreiden nachzumalen.

SPINAT IST KÖSTLICHER ALS SEIN RUF

SPINAT ZIEHEN

Frühling/
April bis Mai

Spinat ist ein sehr facettenreiches Gemüse. Egal, ob als Salat oder Rahmspinat. Er schmeckt nicht nur, sondern ist auch sehr gesund.

Sachwissen: gesunder Spinat

Spinat ist eine einjährige Pflanze. Er kann nur einmal geerntet werden. Die optimale Zeit für die Aussaat ist im Frühjahr. Je nach Temperatur und Region ist sie zwischen Mitte März bis in den Mai direkt im Freiland möglich.

Beim Spinat wird zwischen Blattspinat und Wurzelspinat unterschieden. Beide sind gleichermaßen gesund und reich an Vitamin C, Eisen und Magnesium. Auch im Geschmack besteht kein Unterschied. Blattspinat wird allerdings etwas früher geerntet als der Wurzelspinat und hat eine feinere Konsistenz. Während der Wurzelspinat maschinell mit der Wurzel geerntet wird, werden beim Blattspinat die Blätter von Hand abgeschnitten.

Alter: ab 3 Jahre
Gruppengröße: 6 Kinder
Ort: Außenbereich
Dauer: ca. 10 Minuten + Wachstumsphase

Material:
- 1 Balkonkasten
- ca. 4 Blattspinatpflanzen
- 1 scharfes Messer
- torffreie Gartenerde

Los geht's:

Legen Sie die Materialien bereit. Die Kinder befüllen die Balkonkästen mithilfe von Schaufeln etwa bis zur Hälfte mit Erde. Mit dem Finger ziehen sie mittig eine Rille mit ungefähr 2 cm Tiefe. Dann setzen sie die kleinen Spinatpflanzen mit einer Handbreit Abstand zueinander in die Erde, bedecken die Wurzeln mit Erde und drücken diese an. Die Balkonkästen sollten möglichst an einem sonnigen bis halb schattigen Ort ihren Platz finden. Die Kinder gießen die Spinatpflänzchen gut an.

Die Erde in den Balkonkästen sollte gut feucht gehalten werden. Beobachten Sie gemeinsam mit den Kindern, wie die Pflänzchen immer größer werden. Nach etwa sechs bis acht Wochen kann der Spinat in der Regel geerntet werden. Dabei schneiden Sie die Blätter vorsichtig mit einem Messer ab.

Mein Tipp für die Praxis

Machen Sie mit den Kindern den ultimativen Test und finden Sie heraus: Welcher Spinat schmeckt besser? **TK-Ware vs. frisch geerntet.**

Lassen Sie ein Paket tiefgekühlten Rahmspinat auftauen und erwärmen Sie ihn. Entfernen Sie die Blattrippen vom frischen Spinat und waschen Sie ihn gründlich. Schneiden Sie eine Zwiebel klein, schwitzen Sie diese in Butter an und geben Sie den Spinat hinzu. Legen Sie den Deckel auf den Topf und lassen Sie den Spinat fünf bis zehn Minuten dünsten. Geben Sie 200 ml Kochsahne hinzu und schmecken Sie den Spinat mit Salz und Pfeffer ab. Anschließend pürieren Sie ihn gründlich mit dem Pürierstab.

Lassen Sie die Kinder nun testen, welcher Spinat ihnen besser schmeckt. Wer mag, kann auch die Augen schließen und sich nur auf seinen Geschmackssinn verlassen.

WAS SUMMT DENN DA?

WILDBLUMENWIESE ANLEGEN

Frühling und Sommer/ April bis Juni

Bienen sind wichtige Nutztiere, die es zu erhalten gilt. Leider gibt es immer weniger Bienen bei uns. Umso wichtiger ist es, Lebensraum für diese Insekten zu schaffen, beispielsweise in Form einer Wildblumenwiese. Hier fühlen sich neben Bienen auch Schmetterlinge und andere Insekten sehr wohl. Kindern macht es Freude, die Insekten zu beobachten.

Sachwissen: Wildblumenwiesen

Sogenannte Bienenwiesen werden mit Wildblumensamen, die besonders beliebt sind bei Bienen und Schmetterlingen, angesät. Solche Wiesen benötigen keinerlei Pflege. Sie werden weder gegossen noch gedüngt. Sie bieten vielen Pflanzen und Tieren, wie Bienen, Schmetterlingen und Käfern einen wertvollen Lebensraum mit guten Nahrungsquellen. Die Farbenvielfalt von Wildblumenwiesen variiert, je nachdem, welche Pflanzen gerade blühen.

Alter: ab 3 Jahre
Gruppengröße: 6 Kinder
Ort: Außengelände
Dauer: ca. 1 Stunde + Keimzeit und Wachstumsphase

Material:
- 1 Beet
- 1 Päckchen einheimische/regionale Wildblumensamen

Los geht's:

Legen Sie den Abschnitt für die Wildblumenwiese fest. Es sollte ein etwas abgelegener, sonniger Platz sein, wo die Pflanzen ungestört wachsen können. Der Rasen dort sollte kurz gemäht sein. Säen Sie gemeinsam mit den Kindern die Samen möglichst flach und drücken Sie diese etwas an. Bedecken Sie die Samen mit sehr wenig Erde. Die meisten Wildblumen benötigen Sonne, da sie Lichtkeimer sind. Die Wiese blüht in der Regel mehrjährig.

Mein Tipp für die Praxis

Beobachten Sie mit den Kindern regelmäßig das Leben auf der Bienenwiese. Welche Blumen blühen gerade? Welche Tiere sind zu sehen? Halten Sie die Beobachtungen doch fotografisch in einen Fototagebuch „Das Leben auf der Wildblumenwiese" fest.

ROTE KUGELN ALS SNACK UND IM SALAT

RADIESCHEN IN DER OBSTKISTE ZIEHEN

Frühling und Sommer/ April bis September

Radieschen gehören mit ihrer tollen Farbe einfach auf einen bunten Rohkostteller. Sie schmecken zudem durch ihre leichte Schärfe köstlich und es gibt viele Möglichkeiten, sie zuzubereiten, z. B. auch als Suppe. Haben Sie das schon einmal probiert? Weil der Anbau von Radieschen meist sehr gut gelingt, ist es ein schönes Projekt für Ihre Kita-Kinder.

Sachwissen: gesunde Radieschen

Radieschen sind mit dem Rettich verwandt und gehören zu den Wurzelgemüsen. Sie sind sehr gesund, da sie viele wichtige Mikronähstoffe enthalten. Viele ihrer positiven Wirkungen auf den Körper wurden nachgewiesen, z. B ihre entzündungshemmenden Eigenschaften, ihre Unterstützung gegen gelegentliches Sodbrennen und andere Magen-Darm-Beschwerden oder ihre cholesterinsenkenden Eigenschaften.

Alter: ab 3 Jahre
Gruppengröße: 4 Kinder
Ort: Außenbereich
Dauer: ca. 10 Minuten + Keimdauer und Wachstumsphase

Material:
- 1 Hochbeet oder 1 Beet
- 1 Päckchen Radieschensamen

Los geht's:

Legen Sie die Materialien bereit. Die Kinder verteilen die Radieschensamen in einem Abstand von ca. 5 cm zueinander auf der Erde und drücken diese in doppelter Samenlänge hinein. Nun geben sie etwas Erde darüber und gießen die Samen vorsichtig an. Die Erde sollte feucht gehalten werden. Gießen Sie die keimenden Samen regelmäßig. Nach ungefähr einer Woche beginnen die Samen zu keimen und nach etwa vier Wochen können die Radieschen geerntet werden. Wenn Sie die Erde um die Radieschen auflockern, können Sie sich ihre Größe anschauen. Sind sie etwa zwei bis drei Zentimeter groß, sind sie reif.

Wichtig!

Ernten Sie die Radieschen unbedingt rechtzeitig. Denn wenn sie zu groß werden, können sie aufplatzen und schmecken holzig. Zur groben Orientierung: Länger als sechs Wochen sollten die Radieschen nicht in der Erde sein.

Mein Tipp für die Praxis

Während Sie mit den Kindern darauf warten, dass die Radieschen endlich reif sind, können Sie das **Spiellied vom Radieschen auf die Melodie von „Alle meine Entchen"** gemeinsam singen.

1. Leckere Radieschen, *(dazu klatschen)*
   |: die wachsen im Beet, :| *(im Rhythmus stampfen)*
   werden immer größer, *(die Hände nach oben halten)*
   das ist toll! *(in die Hände klatschen)*
2. Leckere Radieschen, *(dazu klatschen)*
   |: die wachsen im Beet, :| *(im Rhythmus stampfen)*
   sind bald reif zum Ernten, *(die Hände nach oben halten)*
   das ist toll! *(in die Hände klatschen)*
3. Leckere Radieschen, *(dazu klatschen)*
   |: die wachsen im Beet, :| *(im Rhythmus stampfen)*
   schmecken uns sehr lecker, *(die Hände nach oben halten)*
   das ist toll! *(in die Hände klatschen)*

MEHR ALS POPCORN

MAIS ZIEHEN

Frühling/
Anfang bis Mitte Mai

Ein Feld aus Maispflanzen ist faszinierend. Die ausgewachsenen Pflanzen sind mauerhoch und sogar große Tiere wie Rehe können in einem Maisfeld komplett verschwinden. Mittlerweile kennen viele Kinder Maisfelder durch sogenannte Maislabyrinthe, die sich immer größerer Beliebtheit erfreuen und die es an vielen Orten auf dem Land gibt. Auch Erwachsene lassen sich den Spaß nicht entgehen. Mais kann auch ganz leicht selbst angebaut werden.

Sachwissen: Mais ist nicht gleich Mais

Beim Maisanbau wird zwischen Futtermais und Zuckermais unterschieden. Zuckermais ist für uns Menschen zum Verzehr geeignet, Futtermais ist ausschließlich für die Fütterung von Tieren gedacht. Beide Maissorten gehören zur Familie der Süßgräser und stammen ursprünglich aus Mexiko. Kein anderes Getreide wird weltweit so oft angebaut wie Mais.

Alter: ab 3 Jahre
Gruppengröße: 6 Kinder
Ort: Außenbereich
Dauer: ca. 20 Minuten + Vorbereitungszeit, Keimdauer und Wachstumsphase

Material:
- 1 Beet
- 1 Päckchen Zuckermaissamen
- ggf. Maßband

Vorbereitung:

Bei der Auswahl des Platzes müssen Sie berücksichtigen, dass der Mais sehr hoch wird. Deshalb sollten Sie keine Pflanzen hinter den Mais setzen, die viel Sonne benötigen. Wichtig ist die Vorbereitung des Beetes. Lockern Sie gemeinsam mit den Kindern die Erde mit einer Harke.

Achtung!

Der angebaute Zuckermais eignet sich als Gemüsemais, aber nicht zur Verarbeitung zu Popcorn. Dafür wird spezieller Mais verwendet.

Los geht's:

Legen Sie die Materialien bereit. Die Kinder säen die Maissamen in einem Abstand von ungefähr 50 cm zueinander. Dabei drücken sie Körner etwa 2 bis 3 cm tief in die Erde. Anschließend wird die Saat gut angegossen.

Mais ist sehr pflegeleicht und benötigt keine weitere Pflege. Jetzt heißt es warten, bis der Mais frühestens ab Juli erntereif ist. Um festzustellen, ob der Mais wirklich reif ist, ritzen Sie einfach ein Maiskorn mit einem scharfen Messer ein. Sobald ein milchig weißer Saft austritt, ist der Mais bereit für die Ernte.

Mein Tipp für die Praxis

Gestalten Sie mit Kindern niedliche **Maispüppchen**. Dazu binden Sie die Blätter eines Maiskolbens mit Bast oben zusammen. Dann kleben die Kinder noch zwei Wackelaugen auf und zeichnen mit schwarzem Stift einen Mund und eine Nase. Fertig ist das Maispüppchen. Wenn Sie Mais in unterschiedlichen Größen zum Basteln verwenden, können Sie gemeinsam auch eine Maisfamilie gestalten und damit Theater spielen.

HAPPY HALLOWEEN IM FRÜHLING

KÜRBISSE ANPFLANZEN

Frühling/ ab Mitte Mai

Mit dem amerikanischen Brauch „Halloween" hat auch die Begeisterung für Kürbisse bei uns Einzug gehalten. Es gibt viele verschiedene Varianten von Kürbissen in allen möglichen Größen, Formen und Farben. Es gibt Speisekürbisse, Zierkürbisse und natürlich die großen Schnitzkürbisse.

Sachwissen: Der Kürbis

Der Kürbis gehört zu den Beerenfrüchten. Das bedeutet, dass seine Samen im Fruchtfleisch liegen. Er gehört wegen der dicken Schale zu den Panzerbeeren, wie die Avocado oder die Melone.

Die bekanntesten Sorten bei uns sind der Riesenkürbis und der Gartenkürbis. Mittlerweile sind zum Kochen auch der Hokkaido- und der Butternut-Kürbis sehr beliebt.

Vorbereitung:

Wichtig ist die Vorbereitung des Beetes. Diese können Sie gemeinsam mit den Kindern vornehmen. Lockern Sie die Erde mit einer Harke und düngen Sie sie. Dafür eignet sich Komposterde am besten. Für eine Fläche von ein-mal-ein-Meter werden ungefähr drei Liter Komposterde verwendet. Diese sollte mit der Erde vermischt werden.

Los geht's:

Legen Sie alle Materialien bereit. Behalten Sie die Faustregel im Hinterkopf, dass die Kürbispflanzen mit einem Abstand von ca. 1,5 m zueinander gepflanzt werden sollten. Die Kinder graben mit einer Schaufel für jede Kürbispflanze ein kleines

Alter: ab 4 Jahre
Gruppengröße: 4 Kinder
Ort: Außenbereich
Dauer: ca. 20 Minuten + Vorbereitungszeit, Keimdauer und Wachstumsphase

---

Material:

- 1 großes Beet
- 1 Harke
- Komposterde *(entweder frisch aus dem eigenen Kompost oder gekauft)*
- Kürbispflanzen *(Muskat- oder Hokkaido-Kürbisse gelingen am besten, Anzahl nach Beetgröße)*
- ggf. 1 Maßband

Loch. Dann setzen sie die Pflanze vorsichtig hinein, geben Erde über den Wurzelballen und drücken diese leicht fest. Anschließend müssen die Kürbispflänzchen gut angegossen werden. Die Kürbispflanzen müssen möglichst feucht gehalten werden und brauchen sehr viel Sonne. Nach einigen Wochen können Sie die ersten Kürbisblüten entdecken, später dann kleine Kürbisse, die immer größer werden. Die Kürbisse können geerntet werden, wenn ihre Stängel trocken und holzig wirkt. Auch die Klopfprobe bietet sich an: Klingt der Kürbis beim Draufklopfen hohl, ist er reif.

Achtung!

Schnecken sind gerne auf Kürbispflanzen zu finden. Sammeln Sie diese gemeinsam mit den Kindern regelmäßig von den Pflanzen ab und siedeln Sie diese an einen anderen Standort – möglichst weit entfernt – um.

Mein Tipp für die Praxis

Ein geschnitztes Kürbisgesicht darf nicht fehlen: Dazu schneiden Sie zuerst den Kürbisdeckel ab. Mit einem Löffel und einem Messer holen Sie und die Kinder die Kürbiskerne und das Fruchtfleisch heraus. Dann zeichnen Sie auf den ausgehöhlten Kürbis mit einem schwarzen Stift ein Gesicht (freundlich, lustig oder gruselig) auf, das Sie anschließend mit einem scharfen Messer ausschneiden. Stellen Sie ein kleines Teelicht oder aus Sicherheitsgründen eine LED-Kerze hinein und fertig ist ein leuchtender Kürbis.

Aus dem Fruchtfleisch können Sie eine Suppe kochen. Die Kürbiskerne können Sie trocknen und diese im nächsten Jahr einpflanzen.

BLAU-LILA DUFTENDES BLÜTENMEER

LAVENDEL PFLANZEN

Frühling/ ab Mitte Mai

Lavendel sieht vor allem auf Feldern oder in einem reich bepflanzten Beet wunderschön aus, er duftet aber auch bezaubernd und hat auf unser Nervensystem eine beruhigende Wirkung. Deshalb duften viele Badezusätze für Kinder und Erwachsene, Massageöle, Duftkerzen und vieles mehr danach.

Sachwissen: Schopflavendel und echter Lavendel

Schopflavendel ist verwandt mit dem echten Lavendel und sieht ihm fast zum Verwechseln ähnlich. Erkennbar ist er an seinem „Schopf" oben an den Blüten, wie man sehr gut auf den beiden Vergleichsfotos sieht. Schopflavendel und echter Lavendel können beide im Beet oder im Topf wachsen, aber Schopflavendel bevorzugt ein Leben im Pflanztopf. Beide Sorten sind grundsätzlich pflegeleicht. Wichtig ist, dass sie wenig gegossen werden und viel Sonne sowie wenig Wind bekommen. Schopflavendel ist im Gegensatz zum echten Lavendel nicht winterfest und muss im Keller oder einer Garage überwintert werden.

echter Lavendel

Schopflavendel

Alter:	ab 3 Jahre
Gruppengröße:	4 Kinder
Ort:	Außenbereich
Dauer:	ca. 20 Minuten

Material:

- 1 großer Tontopf mit Untersetzer
- torffreie Gartenerde
- etwas grober Kies
- etwas Sand
- 1 Eimer zum Mischen
- 4 Schopflavendel-Pflanzen

Los geht's:

Legen Sie die Materialien bereit. Als unterste Schicht füllen die Kinder den groben Kies in den Tontopf. Anschließend mischen sie in einem Eimer ungefähr zu gleichen Teilen Sand und Erde gut. Mit dieser Mischung füllen die Kinder den Tontopf etwa bis zur Hälfte.

Mit einer Schaufel graben die Kinder kleine Kuhlen in die Erde-Sand-Mischung und setzen je eine Lavendelpflanze hinein. Sie geben noch ein bisschen Erde auf den Wurzelballen, bis dieser komplett bedeckt ist, und drücken sie fest. Jetzt müssen die Lavendelpflanzen gut angegossen werden. In den ersten Tagen sollte der Lavendel sehr nass sein, damit sich die Wurzeln bilden können. Anschließend reicht es, den Lavendel zu gießen, wenn er trocken ist. Lavendel mag keine Staunässe.

Mein Tipp für die Praxis

Ernten Sie gemeinsam mit den Kindern Blüten vom Lavendel und machen Sie daraus **eigene Duftsäckchen**. Schopflavendel eignet sich hervorragend für ein Duftsäckchen im Kleiderschrank.
Breiten Sie dafür die Lavendelblüten zum Trocknen auf altem Zeitungspapier möglichst in einem Neben- oder Kellerraum aus und lassen Sie sie bis zu zwei Wochen trocknen. Falls Sie einen Papierwagen haben, können Sie den Lavendel auch dort trocknen lassen.

Sie können gemeinsam mit den Kindern (ab 5 Jahren) aus dünnem Stoff und mit dicker Nadel und Faden mit einfachen Stichen kleine Säckchen nähen. Anschließend kann der Lavendel in die Säckchen gefüllt und mit farbigem Bast zugebunden werden.

Lavendelsäckchen duften gut und schützen z. B. Kleidung vor Motten. Sie sind ein schönes kleines Geschenk oder Mitbringsel.

WUNDERSCHÖNE BLÜTENPRACHT

RINGELBLUMEN UND KAPUZINERKRESSE PFLANZEN

Frühling/ Mai

Blühende Balkonkästen sind ein wunderschöner Blickfang. Ringelblume und Kapuzinerkresse sind nicht nur hübsch anzusehen, sie sind auch eine gute Nektarquelle für Bienen, Hummeln, Schmetterlinge und Schwebfliegen. Mit einer solchen Bepflanzung schaffen Sie also ein Stück Lebensraum für die Insekten.

Sachwissen: passende Pflanzen für einen Balkonkasten auswählen

Bei der Pflanzenauswahl ist es wichtig, darauf zu achten, dass diese auch zusammenpassen und eine gute Nachbarschaft haben. Das bedeutet, dass sie entweder Sonne oder Schatten bevorzugen.

Für sonnige Balkonkästen eignen sich beispielsweise Ringelblume und Kapuzinerkresse und für schattige Standorte sind etwa Fuchsien und Farne geeignet.

Ringelblume

Kapuzinerkresse

Los geht's:

Legen Sie die Materialien bereit. Zuerst legen die Kinder eine Schicht Kieselsteine als Grundlage in den Balkonkasten. Dazwischen kann sich überschüssiges Wasser sammeln, ohne dass die Wurzeln im Nassen stehen. Auf die Kieselsteine schaufeln die Kinder Erde bis kurz unter den Rand. Füllen Sie mit den Kindern den Eimer mit Wasser. Bevor die Pflanzen eingepflanzt werden, sollten diese nämlich für einige Minuten ins Wasser gestellt werden, damit sich die Wurzelballen gründlich mit Wasser vollsaugen können.

Alter: ab 3 Jahre
Gruppengröße: 4 Kinder
Ort: Außenbereich
Dauer: ca. 30 Minuten

Material:

- 1 Blumenkasten
- torffreie Gartenerde
- Kieselsteine
- 1 Eimer
- 1–3 Ringelblumenpflanzen, je nach Balkonkastengröße
- 1–3 Kapuzinerkressepflanzen, je nach Balkonkastengröße

Mit einer Schaufel graben die Kinder im Abstand von ca. 10 bis 15 cm zueinander kleine Vertiefungen in die Erde und setzen dann die Pflanzen vorsichtig hinein. Die größte Pflanze kommt in die Mitte. Die kleineren Pflanzen werden danebengesetzt. Alle Lücken zwischen den Pflanzen füllen die Kinder mit Erde auf und drücken diese gut fest. Anschließend werden die Pflanzen noch gut angegossen. Die Pflanzen sollten immer leicht feucht gehalten werden, sodass die Erde nicht austrocknet. Es eignet sich ein halb sonniger Standort.

Mein Tipp für die Praxis

Aus den Blüten der Ringelblume können Sie gemeinsam ein **pflegendes Ringelblumenöl selbst herstellen**. Und so geht's:

Füllen Sie ein Schraubglas zu etwa 2/3 mit getrockneten Ringelblumenblüten. Gießen Sie das Glas so weit mit Olivenöl auf, bis die Blüten bedeckt sind. Verschließen Sie das Glas gut und stellen Sie es an einen sonnigen Platz. Mindestens einmal täglich sollten Sie es kräftig durchschütteln. Nach ungefähr sechs Wochen ist genügend Ringelblumenöl aus den Blättern in das Olivenöl eingedrungen. Diese Methode nennt man Kaltauszug.

Nun seihen Sie den Inhalt des Glases durch ein sauberes Geschirrtuch in eine Schüssel ab. Gießen Sie das Ringelblumenöl in ein oder mehrere heiß ausgewaschene Schraubgläser, die Sie möglichst dunkel aufbewahren und mit Datum versehen. Das Öl hält ungefähr 2 Monate.

Wichtig!

Sie dürfen das hergestellte Öl nicht in der Kita verwenden. Sie können es aber als Geschenk den Kindern mit nach Hause geben. Füllen Sie dazu das Öl in kleine Gläschen.

Falls Sie sehr viele Ringelblumen haben, könnten Sie die Herstellung des Öls auch bei einem Eltern-Kind-Nachmittag anbieten, sodass jede Familie das eigene frisch angesetzte Öl mit einer kleinen Anleitung von Ihnen mit nach Hause nehmen kann.

EIN TOLLER PLATZ ZUM VERSTECKEN

BOHNENTIPI PFLANZEN

Frühling und Sommer/ Mai bis Juni

Rückzugsmöglichkeiten im Garten sind für Kinder sehr wichtig. Eine kostengünstige Möglichkeit ist ein selbst gebautes Tipi, das mit Bohnen bepflanzt wird. Für den Bau des Tipis sind vor allem Zeit und Geduld erforderlich.

Sachwissen: Stangen- und Buschbohnen

Es gibt über 700 Bohnensorten in vielen schönen Farben: Grün, Rot, Weiß, Blau und Braun. Grundsätzlich wird unterschieden in Stangenbohnen und Buschbohnen. Während Stangenbohnen in die Höhe ranken und eine Rankhilfe benötigen, wachsen Buschbohnen nicht in die Höhe, sondern dicht am Boden. Eins haben alle Bohnensorten gemeinsam: Sie dürfen nicht roh gegessen werden, sondern müssen gekocht werden.

© Art_Pictures – Shutterstock.com

Los geht's:

Wählen Sie (mit der Einrichtungsleitung) eine passende Fläche für das Tipi aus. Am besten geeignet ist eine ebene Rasenfläche. Je sonniger, desto besser geeignet ist der Platz.

Stellen Sie alle Materialien bereit. Legen Sie mit der Schnur einen Kreis. Dies ist die Grundfläche für das Tipi. Graben Sie mit den Kindern mit Spaten an dieser Kreislinie einen ca. 7 cm breiten Streifen ca. 10 cm tief um. Drücken Sie in regelmäßigen Abständen mit der Hand oder einem Pflanzholz sechs golfball-

Alter: ab 5 Jahre
Gruppengröße: 6 Kinder
Ort: Außenbereich
Dauer: ca. 2 Stunden + Keimzeit und Wachstumsphase

Material:

- 1 Knäuel Schnur (möglichst dick)
- 1 Schere
- 1 Trittleiter
- 6 gleich lange Holzstäbe, ca. 2 m Länge
- ca. 40 Stangenbohnensamen
- ggf. 1 Pflanzholz

große Löcher in den Boden, an einer Stelle lassen Sie das Loch aus. Das wird der Eingang. In jedes Loch setzen Sie einen Holzstab. Lassen Sie alle Stäbe so in Richtung Kreismitte kippen, dass sie einander berühren, und binden Sie sie oben mit der Schnur fest zusammen. Hier werden Sie vermutlich eine Trittleiter benötigen. Es ist wichtig, dass die Stäbe stabil miteinander verknotet sind. Die Kinder füllen nun die Erdlöcher um die Stäbe wieder mit der Erde und klopfen diese mit Schaufeln fest. Jetzt werden die Schnüre mehrfach straff quer um die Hölzer gewebt und gut verknotet. Es sollten so viele Reihen gewebt werden, bis es stabil ist. Achtung: Lassen Sie den Eingang in das Tipi unten offen.

Jetzt können die Bohnensamen eingepflanzt werden: Rund um jeden Holzstab werden jeweils mehrere Bohnensamen in die Erde gedrückt. Die Kinder gießen die Bohnensaat gut an. Halten Sie die gesäten Bohnen immer feucht. Nach wenigen Wochen wird das Tipi bereits eingewachsen sein. Jetzt heißt es Geduld haben. Nach ungefähr 2 bis 3 Monaten sollten die Bohnen erntereif sein. Die Bohnen sind reif, wenn sie beim Durchbrechen grün und saftig sind.

Mein Tipp für die Praxis

Für dieses aufwändige Projekt ist es sinnvoll, dass Sie es **zusammen mit Eltern** durchführen. Viele helfende Hände sind vor allem beim Zusammenbau des Grundgerüstes hilfreich und praktisch. Wählen Sie deshalb im Idealfall ein Wochenende für das Projekt aus, sodass möglichst viele Personen Zeit haben, um mitzumachen und sich alle auf den Bau des Tipis konzentrieren können.

VOM KORN ZUM MEHL

WEIZEN ANBAUEN

Frühling oder Herbst/ März oder September

Auf dem Land gibt es riesige Getreidefelder zu sehen. Wenn man sie beispielsweise beim Vorbeifahren mit etwas Abstand betrachtet, erinnern sie oft an eine große Patchworkdecke in Naturfarben. Häufig sind dunkelgelbe Flächen zu sehen. Das ist Weizen. Er wird besonders oft angebaut. Um Weizen anzubauen, braucht es aber nicht unbedingt eine riesige Ackerfläche, auch im Kita-Beet kann Weizen wachsen.

Sachwissen: Weizen

Weizen ist ein altes und traditionsreiches Getreide. Bereits vor ungefähr 8.000 Jahren wurde er im heutigen Iran gezüchtet. Heute ist Weizen das am zweithäufigsten angebaute Getreide. Nur Mais wird noch öfter angebaut (siehe S. 54). Weizen ist nicht gleich Weizen: Es wird zwischen Winter- und Sommerweizen unterschieden, je nach Anbauzeit.

Vorbereitung:

Sommerweizen säen Sie im März und Winterweizen im September. Wichtig ist die Vorbereitung des Beetes. Das können Sie gemeinsam mit den Kindern tun. Lockern Sie die Erde mit einer Harke und düngen Sie diese. Dafür eignet sich Komposterde am besten. Für eine Fläche von ein-mal-ein-Meter werden ungefähr drei Liter Komposterde verwendet.

Alter: ab 4 Jahre
Gruppengröße: 4 Kinder
Ort: Außenbereich
Dauer: ca. 20 Minuten + Keimzeit und Wachstumsphase

Material:

- Beet
- Komposterde *(entweder frisch aus dem eigenen Komposter oder gekauft)*
- Harke
- Weizensamen, für 10 qm ca. 85 g *(Winterweizen im September und Sommerweizen im März)*
- Rechen
- zum „Dreschen“: Stoffbeutel, Fön oder Fächer

Los geht’s:

Legen Sie die Materialien bereit. Die Kinder streuen die Weizensamen auf der vorbereiteten Fläche aus. Die Körner sollten nicht aufeinanderliegen und etwas Abstand haben. Nun ziehen Sie vorsichtig mit dem Rechen Erde über die Samen und decken sie so zu. Damit der Weizen aufgeht, sollte er – wenn es nicht regnet – täglich gegossen werden. Etwa nach zwei Wochen sprießen aus den Samen erste grüne Sprösslinge. Im Sommer ändert sich die Farbe der Weizenstängel von Grün zu Gelbbraun. Sobald sich die Köpfe des Weizens nach vorne neigen, ist Erntezeit. Dies ist bei Sommerweizen Juli bis Anfang August. Bei Winterweizen ist das im August des Folgejahres. Direkt über dem Boden können Sie den Weizen mit einem scharfen Messer abschneiden.

Stecken Sie einen Teil, die Stängel mit den Ähren voraus, in einen Stoffbeutel. Dann können Sie das Dreschen imitieren, indem Sie den Beutel gegen eine harte Kante schlagen. Dadurch lösen sich die Körner. Anschließend können Sie mit einem Fächer oder einem Fön die Spreu vom Weizen trennen.

Da die Weizenernte und -verarbeitung von Hand sehr aufwändig ist, ist sie nicht empfehlenswert für die Kita. Sie können aus dem geernteten Weizen mit den Kindern einfache Getreidekränze oder -herzen als Dekoration für zu Hause basteln. Dafür bindet jedes Kind zwei Ähren mit einem Faden erst unten und dann nach innen gebogen auch oben zusammen. Einen größeren Kranz können Sie mit einer zum Kreis geformten und gebundenen Weidenrute als Basis gemeinsam basteln.

Mein Tipp für die Praxis

Besuchen Sie mit den Kindern eine Mühle. Lassen Sie sich zeigen, wie aus Getreide Mehl wird. Sollte keine Mühle in der Nähe sein, fragen Sie in Bäckereien nach, diese mahlen teilweise auch selbst. Für Kinder ist es interessant zu erleben, wie das Mehl entsteht, das sie aus der Tüte kennen.

Da nicht immer eine Mühle in der Nähe ist, können Sie auch bei Eltern oder Mitarbeiter*innen fragen, ob jemand eine Getreidemühle zu Hause hat, die ausgeliehen werden kann.

LECKERE NASCHEREIEN VOM STRAUCH

HIMBEERSTRÄUCHER ZUM SELBERPFLÜCKEN

Herbst

Himbeeren sind neben Erdbeeren die beliebtesten Beeren von Kindern. Sie mögen ihren süßen Geschmack und die hübsche Farbe. Himbeeren lassen sich einfach ernten und eignen sich gut, um sie auf dem Kita-Gelände anzupflanzen.

Sachwissen: spannende Himbeeren

Himbeeren zählen wie Erdbeeren, Äpfel, Birnen, Quitten, Pflaumen und sogar Mandeln zu den Rosengewächsen. Wie die echten Rosen haben auch die Himbeersträucher Dornen. Deshalb heißt es aufpassen bei Pflege und Ernte. Insbesondere kleine Kinder sollten dabei gut begleitet werden. Himbeeren zählen zu den heimischen Sträuchern. Früher wurden Himbeerpflanzen oft als Heilpflanzen angebaut, besonders in den Gärten von Klöstern. Auch heute noch kommen Himbeerblätter etwa als Tee in der Geburtshilfe zum Einsatz.

Alter: ab 5 Jahre
Gruppengröße: 6 Kinder
Ort: Außenbereich
Dauer: ca. 10 Minuten + Wachstumsphase und Reifezeit

Material:
- 1 Beet
- 2 Holzpflöcke
- Blumendraht
- Gartenhandschuhe für alle
- mehrere Himbeerpflanzen, je nach Platzangebot
- 1 Eimer

Vorbereitung:

Wählen Sie eine sonnige Fläche mit möglichst feuchtem Boden auf dem Kita-Gelände aus. Als ungefähre Richtlinie gilt: Der Abstand zwischen den Himbeerpflanzen sollte 40 bis 50 cm betragen, damit die Pflanzen genügend Licht bekommen. Lockern Sie gemeinsam mit den Kita-Kindern die Erde auf. Jeweils links und rechts am Rand der Fläche graben Sie mit dem Spaten ein Loch, in dem Sie je einen Holzpflock fest eingraben. Spannen Sie dann den Blumendraht in drei unterschiedlichen Höhen zwischen den Pflöcken. Dies ist die Rankhilfe für die Himbeerpflanzen.

Los geht's:

Legen Sie die Materialien am Beet bereit. Befüllen Sie mit den Kindern zusammen den Eimer mit Wasser und setzen Sie nacheinander die Himbeerpflanzen hinein, damit der Wurzelballen gut wässert.

Graben Sie mit Spaten Löcher im Abstand von 50 cm zueinander entlang der Rankhilfe. Setzen Sie die gut gewässerten Himbeersträucher in die Löcher und bedecken Sie die Wurzelballen mit Erde, die Sie vorsichtig festdrücken, damit die Pflanzen stabil stehen. Die Kinder gießen die Pflanzen gut an. Nun heißt es Geduld haben und warten: Wenn Sie die Himbeeren im Herbst pflanzen, können Sie sie im nächsten Jahr zwischen Juni und August ernten.

Achtung!

Dabei sollten alle Gartenhandschuhe tragen, um sich vor den feinen Dornen der Himbeerpflanzen zu schützen.

Mein Tipp für die Praxis

Himbeeren eigenen sich nicht nur zum Naschen frisch vom Strauch, sondern ergeben auch eine **leckere Marmelade**.

Zutaten:

- 1 kg frische Himbeeren
- 500 g Gelierzucker 2 : 1

Arbeitsmaterialien:

- 1 hoher Topf
- 1 Kochlöffel
- mehrere Schraubgläser

Zubereitung:

Geben Sie die Himbeeren und den Gelierzucker in einen hohen Topf und kochen Sie die Mischung auf. Lassen Sie die Marmeladenmischung etwa vier Minuten lang kochen und rühren Sie dabei stetig mit dem Kochlöffel. Wenn Sie mögen, können Sie noch abgezupfte Pfefferminzblättchen in die Marmelade rühren.

Füllen Sie die heiße Marmelade in heiß ausgewaschene Marmeladengläser, verschließen Sie den Schraubdeckel fest und stellen Sie die Gläser kopfüber für ca. 15 Minuten. Genießen Sie die selbst gemachte Marmelade beim nächsten gemeinsamen Kita-Frühstück oder verschenken Sie diese an die Eltern.

ERGÄNZENDE PROJEKTE RUND UMS GÄRTNERN

© Roman Chazov – Shutterstock.com

ZU SCHADE ZUM WEGWERFEN

DÜNGER AUS EIERSCHALEN UND KAFFEESATZ

ganzjährig möglich

Pflanzen brauchen ausreichend Sonne und Wasser, um zu gedeihen. Sie benötigen zudem auch Nährstoffe wie Stickstoff, Phosphor, Kalium und Eisen, Schwefel sowie Magnesium. Diesen bekommen sie vor allem durch Düngung. Eigenen Dünger kann man ganz einfach kostengünstig und schnell selbst herstellen. Man muss ihn nicht kaufen. Die Zutaten dafür haben Sie bestimmt in der Einrichtung bzw. zu Hause: Eierschalen und Kaffeesatz eignen sich beispielsweise gut, um Pflanzen organisch zu düngen.

Sachwissen: organischer und mineralischer Dünger

Bei Dünger wird zwischen mineralischem und organischem unterschieden. Mineralischer Dünger wird industriell hergestellt. Er wirkt deutlich schneller als organischer, wie Kaffeesatz und Eierschalen, Pferdeäpfel oder Hornspäne. Das liegt daran, dass organischer Dünger erst von den Mikroorganismen im Boden freigesetzt werden muss. Organischer Dünger ist natürlich, kostengünstig und unbelastet, deshalb ist er für die Pflanzen meist nachhaltiger als mineralischer.

Kaffeesatz vertreibt die Schnecken und enthält drei wichtige Nährstoffe: Stickstoff, Kalium und Phosphor. Eierschalen versorgen die Pflanzen mit Kalk. Besonders Kräuter gedeihen mit Eierschalen als Dünger sehr gut.

© Juver – Shutterstock.com

© Kimberly Boyles – Shutterstock.com

Alter: ab 3 Jahre
Gruppengröße: ganze Gruppe
Ort: Gruppenraum und Garten
Dauer: ca. 30 Minuten zum Verteilen

Material:
- Kaffeesatz
- Eierschalen
- 2 Backbleche
- 1 Mörser
- 1 Schüssel

Für jedes Kind:
- 1 Paar Einmalhandschuhe (Kinderhandschuhgröße oder Größe S)

Wichtig!

Das Mengenverhältnis Kaffeesatz und Eierschalen sollte 1 : 1 sein.

Vorbereitung:

Organisieren Sie frischen Kaffeesatz. Achten Sie darauf, dass der Kaffeesatz nicht schimmelig ist. Falls Sie ihn sammeln, sollten Sie ihn auf einem Backblech ausbreiten und trocknen lassen, um Schimmel zu verhindern. Waschen Sie die Eierschalen gründlich aus und trocknen Sie diese ebenfalls auf dem Backblech in einem separaten, für Kinder unzugänglichen Raum.

Los geht's:

Brechen Sie zusammen mit den Kindern die Eierschalen in Stücke (die Kinder tragen dabei Handschuhe) und pulverisieren Sie die Stücke auch mit dem Mörser. Vermischen Sie den Kaffeesatz und die zerkleinerten Eierschalen in der Schüssel und verteilen Sie die Mischung mit den Kindern direkt auf der Erde rund um die Pflanzen. Arbeiten Sie den Dünger leicht in den Boden ein.

Mit dem selbst gemachten Dünger können Sie sehr gut Gurke, Tomate, Zucchini und Erdbeeren, Kartoffeln, Zuckermais, Kürbis und Kräuter düngen.

Mein Tipp für die Praxis

Sie können auch eine Eltern-Kind-Aktion gestalten, um selbst **sehr effektive Brenneseljauche** herzustellen. Dazu sammeln alle mit Handschuhen Brennnesselblätter. Diese werden mit dem Messer zerkleinert – ebenfalls in Handschuhen. Achten Sie darauf, dass sich die Kinder nicht ins Gesicht fassen.

Zwei Handvoll zerkleinerte Brennnessel geben Sie in einen Eimer, in den Sie fünf Liter Wasser füllen. Legen Sie einen Deckel auf den Eimer und lassen Sie diesen an einer für Kinder nicht zugänglichen Stelle stehen. Dieses Gemisch sollten Sie einmal am Tag umrühren. Es wird sich ein unangenehmer Geruch entwickeln. Wenn sich keine Bläschen mehr bilden, ist die Jauche fertig. Gießen Sie diese durch ein Sieb in einen weiteren Eimer und füllen Sie sie in die Gießkanne. Tragen Sie auch dabei unbedingt Handschuhe. So kann der Dünger auf die Beete ausgebracht werden. Nach Möglichkeit sollten Sie ihn gleich verbrauchen.

AUS ALTEM WÄCHST ETWAS NEUES

KOMPOST ANLEGEN UND PFLEGEN

ganzjährig möglich

Kompost wird oft auch „das schwarze Gold des Gärtnerns" genannt. Es handelt sich dabei um abgestorbenes organisches Material, das sehr gut als Düngemittel für Pflanzen verwendet werden kann. Einen eigenen Kompost anzulegen, ist ökologisch und wirkungsvoll. Zudem können dort die eigenen Grünabfälle entsorgt und wieder dem Kreislauf zugeführt werden. Man braucht nur ein bisschen Zeit und Geduld.

Sachwissen: Kompost

Damit Kompost entstehen kann, werden Küchen- und Gartenabfälle, Bioabfall oder Grünschnitt in einen Kompostbehälter gegeben. Dort verrotten die abgestorbenen Pflanzenteile dann. Dabei helfen Würmer und andere Kleinstlebewesen (Mikroorganismen), die sie zersetzen und in frische Komposterde umwandeln. Die Komposterde kann dann als Dünger für Pflanzen verwendet werden.

Vorbereitung:

Organisieren Sie einen Kompostbehälter. Sie können diesen entweder kaufen – vielleicht mit Unterstützung des Fördervereins – oder ein Eltern-Kind-Projekt daraus machen, indem aus (Paletten-)Holz gemeinsam ein Kompostbehälter gebaut wird. Im Internet finden Sie dazu zahlreiche Anleitungen. Der Kompostbehälter sollte möglichst windgeschützt in einer Ecke im Garten stehen.

Alter: ab 3 Jahre
Gruppengröße: 4 Kinder
Ort: Außenbereich
Dauer: ca. 20 Minuten + Umstechzeit

Material:
- 1 Kompostbehälter, aus Holz oder Plastik
- kompostierbare Garten- und Küchenabfälle
- 1 Paar Gartenhandschuhe
- 1 Mistgabel, falls vorhanden, *alternativ:* Schaufel

Los geht's:

Der Kompostbehälter kann nun befüllt werden. Als unterste Lage sind Baum- und Strauchschnitt oder gemähter Rasen sinnvoll. Befüllen Sie den Kompost nun täglich mit Obst- und Gemüseresten, verblühten Blumen, Eierschalen und Kaffeesatz. Je vielseitiger die Füllung ist, desto besser. Alle paar Wochen sollte der Kompost mit der Mistgabel umgestochen werden, um ihn zu belüften. Dies hilft beim Zersetzen der Abfälle und verringert das Volumen. Jetzt heißt es warten. Nach einigen Monaten haben Kleinstlebewesen und Bakterien den Kompost zersetzt. Nach etwa einem halben Jahr ist der Kompost fertig. Sieben Sie ihn grob, z. B. durch Hasendraht, und setzen Sie ihn dann beispielsweise als Dünger auf Beeten und in Pflanztöpfen ein.

Wichtig!

Tragen Sie zum Umstechen aus hygienischen Gründen Handschuhe und lassen sie die Kinder niemals alleine mit der Mistgabel, da diese zu Verletzungen führen kann.

Mein Tipp für die Praxis

Erstellen Sie mit den Kindern ein **Plakat mit allem, was in den Kompost darf.** Dazu fotografieren sie beispielsweise Eierschalen, Gemüseabfälle, verwelkte Pflanzen und kleben dies auf einen Bogen Tonkarton oder farbiges Papier.

Fotografieren Sie auch Essensreste und anderes, das nicht auf den Kompost gehört, kleben Sie dies ebenfalls mit den Kindern zusammen auf und streichen Sie es rot durch.

Laminieren Sie das Plakat und bringen Sie es am Kompost an. So können sich alle vergewissern, nichts Falsches auf den Kompost zu geben.

KRÄUTERDUFT ERKENNEN

ganzjährig möglich

Kräuter und blühende Pflanzen duften oft sehr intensiv. Je mehr sich die Kinder mit Kräutern und Pflanzen beschäftigen, desto geübter sind sie, die verschiedenen Düfte den jeweiligen Pflanzen zuzuordnen.

Sachwissen: Duft der Kräuter

Nicht alle Kräuter sind duftintensiv. Besonders geeignet für einen Duft-Test sind beispielsweise Kresse, Zitronenmelisse, Lavendel, Schnittlauch und Pfefferminze.

Vorbereitung:

Legen Sie die getrockneten Kräuter in die Dosen. Besonders toll ist es, wenn es die Kräuterpflanzen dazu in Ihrer Einrichtung gibt. Dann können die Kinder zur Vorbereitung auf das Spiel die frischen Kräuter noch einmal anschauen und beschnuppern.

Alter: ab 4 Jahre
Gruppengröße: 12 Kinder
Ort: Gruppenraum
Dauer: 20 Minuten

Material:

- verschiedene getrocknete Kräuter, die die Kinder kennen
- je Kraut 1 undurchsichtige Dose, z. B. Erdnussdosen mit Deckel
- je Kraut 1 Foto der Pflanze

Für jedes Kind:

- 1 Murmel, *alternativ:* 1 Steinchen

Los geht's:

Stellen Sie die Kräuter-Dosen bereit und verteilen Sie die Murmeln bzw. Steinchen. Legen Sie die Fotos gut sichtbar aus. Sie geben jeweils eine Dose mit Kräutern reihum und lassen die Kinder daran riechen. Jede*r der*die gerochen hat, tippt, um welches Kraut es sich handelt, indem es seine Murmel bzw. Steinchen auf das entsprechende Foto legt. Sobald alle Tipps abgegeben wurden, lüften Sie das Geheimnis und zeigen auf das richtige Foto. Dann dürfen die Kinder noch einmal an der Dose riechen, wenn sie möchten. Vor allem, wenn sie falsch getippt haben, ist das für sie interessant. Anschließend geben Sie die nächste Kräuterdose in die Runde und es wird wieder getippt.

Mein Tipp für die Praxis

Sie können auch ein **Geruchsmemo-Spiel** mit den Kindern herstellen, indem Sie viele gleich aussehende Dosen organisieren und in immer zwei das gleiche Kraut füllen. Verteilen Sie die Dosen auf dem Tisch, wie beim klassischen Memo-Spiel die Spielkarten. Wem gelingt es, passende Geruchspärchen zu erraten? Wichtig ist, dass die Kräuter, die gerochen werden, jeweils benannt werden. Auf diese Weise können sich die anderen Kinder dies merken und versuchen, die passende Partnerdose auszuwählen.

AUS ROTKOHL FARBE HERSTELLEN

ganzjährig möglich

Manche Pflanzen, wie etwa Rotkohl, können mit etwas Geduld zu natürlichen Farben verarbeitet werden, mit denen schöne Bilder entstehen können. Für die Farbgewinnung aus Rotkohl gibt es verschiedene Methoden: Man kann ihn auskochen oder im Mörser zerdrücken oder einfach im Mixer pürieren.

Sachwissen: Rotkohl und Blaukraut

Rotkohl enthält den Farbstoff Cyanidin. Dieser Farbstoff kommt nicht nur im Rotkohl, sondern auch in vielen anderen roten oder blauen Pflanzen vor, z. B. Himbeeren, Heidelbeeren, Kirschen und Johannisbeeren. Ob der Farbstoff aber rot oder blau wirkt, hängt auch vom Boden ab, in dem die Pflanze wächst. Ist er sandig, wirkt der Kohl eher rot. Sind die Blätter eher blau, spricht das für einen kalkhaltigen Boden. Deshalb ist sowohl die Bezeichnung Rotkohl als auch Blaukraut richtig.

Vorbereitung:

Stellen Sie die Materialien bereit. Alle waschen sich vor Beginn die Hände gründlich mit Seife. Lange Haare werden zu Zöpfen zusammengebunden. Sollte jemand eine offene Wunde an der Hand haben, ist es wichtig, Einmalhandschuhe zu tragen.

Los geht's:

Vierteln Sie den Rotkohl, entfernen Sie den Strunk. Jedes Kind darf dann unter Ihrer Aufsicht seinen eigenen Rotkohl in schmale Streifen schneiden.
Geben Sie den geschnittenen Rotkohl sowie 100 ml Wasser in den Mixer und zerkleinern Sie ihn auf niedriger Stufe, bis die Masse vollständig püriert ist.

Alter: ab 5 Jahre
Gruppengröße: 4 Kinder
Ort: Küche
Dauer: ca. 30 Minuten + Malphase

Material:

- ggf. Einmalhandschuhe
- 1 Rotkohlkopf
- 1 Standmixer oder 1 Pürierstab
- 1 Messbecher
- 1 Schüssel
- 1 Haarsieb
- 1 Esslöffel
- 1 großes Schraubglas

Für jedes Kind:

- 1 Schneidebrett
- 1 kleines Messer
- 1 Pinsel
- 1 Bogen Papier

Stellen Sie die Schüssel auf die Arbeitsfläche. Gießen Sie die Masse durch das feine Sieb in die Schüssel und drücken Sie diese mit dem Esslöffel gut aus. Fertig ist die Rotkohlfarbe.
Sie ist wesentlich dünner als herkömmliche Farben, aber sie eignet sich sehr gut zum Malen. Lassen Sie die Kinder das gleich ausprobieren und geben Sie allen je einen Pinsel und ein Blatt Papier. Was möchten die Kinder malen? Einen Rotkohl? Ein Herz? Oder etwas ganz anderes?

Füllen Sie die Farbe zur Aufbewahrung in das Schraubglas. Sie sollten die Farbe innerhalb weniger Tage aufbrauchen und möglichst kühl lagern.

Mein Tipp für die Praxis

Sie können auch gemeinsam **mit der Farbe experimentieren**. Was passiert beispielsweise, wenn Sie etwas Essig hinzugeben? Oder etwas Backpulver?
Wenn Sie die Farbe in mehrere Gläser aufteilen, können Sie durch die Experimente auch weitere Farbtöne zum Malen bekommen.

WAS WÄCHST IN WALD UND FLUR?

AUSFLUG IN DEN WALD

ganzjährig möglich

Mitten in der Natur ist es am einfachsten, Kindern die Pflanzenwelt näherzubringen. Hier können sie sie erleben und mit allen Sinnen wahrnehmen, statt sich im Stuhlkreis nur theoretisch damit zu befassen. Deshalb ist es sehr sinnvoll, Kinder ganz praktisch Erfahrungen in der Natur sammeln zu lassen.

Sachwissen: Wald

Wald ist nicht gleich Wald. Es gibt verschiedene Formen von Wald. Darin wachsen jeweils unterschiedliche Baumarten. Die bekanntesten Waldarten sind Laub-, Nadel- und Mischwald. Typische Laubbäume in Wäldern sind Ahorn, Birke, Eiche, Buche, Esche, Pappel, Linde oder auch die Ulme. In Deutschland sind Nadelwälder am häufigsten, allen voran die Fichtenwälder.

Vorbereitung:

Planen Sie den Ausflug. Überlegen Sie sich, in welchen Wald Sie gehen möchten. Es ist sinnvoll, dass Sie den Ort kennen und möglichst kurz vor dem geplanten Termin selbst besucht haben, um vor Ort keine bösen Überraschungen zu erleben, wie unerwartete Hindernisse, Baustellen, Absperrungen o. Ä. Die Entscheidung für den Wald, den Sie besuchen möchten, sollte auch davon abhängen, wie Sie mit den Kindern dort hingelangen. Informieren Sie sich ggf. über die Verbindungen mit den öffentlichen Verkehrsmitteln und besprechen Sie im Team, wer die Gruppe begleitet.

Alter: ab 4 Jahre
Gruppengröße: pro erwachsener Person maximal 6 Kinder
Ort: Wald
Dauer: 1 Stunde + Hin- und Rückweg

Material:
- Bücher über verschiedene Baum- und Pflanzenarten
- Materialien für einen Ausflug (z. B. wettergerechte Kleidung, Telefonliste, Handy, Taschentücher, Reiseverbandsset, Getränke, Snacks)

Bereiten Sie auch mit den Kindern den Ausflug vor. Sprechen Sie mit ihnen im Vorfeld darüber, dass sie im Wald keinesfalls etwas abpflücken und essen dürfen. Waldbeeren sind beispielsweise oft vom Fuchsbandwurm befallen und Pilze können giftig sein. Betrachten Sie gemeinsam die verschiedenen Bäume im Buch. Welche davon kennen die Kinder bereits? Welche stehen vielleicht auf dem Kita-Gelände oder in unmittelbarer Nähe?

Los geht's:

Seien Sie im Wald möglichst ruhig und vorsichtig. Erklären Sie den Kindern, dass das wichtig ist, um die Waldtiere nicht durch Lärm zu stören. Auch ist es wichtig, genau darauf zu achten, wohin man tritt, da es viele Stolperstellen wie Wurzeln und Äste gibt. Auch auf den ausgewiesenen Wegen kann es Wurzeln am Boden als Stolperfallen geben.

Sprechen Sie mit den Kindern darüber, wie die einzelnen Bäume heißen. Erkennen die Kinder einzelne Bäume? Wer weiß, zu welchem Baum beispielsweise der Tannenzapfen gehört? Wie sehen Kiefernnadeln aus? Suchen Sie gemeinsam mit den Kindern nach Blättern auf dem Boden, die Sie dann den einzelnen Bäumen zuordnen.

Mein Tipp für die Praxis

Sammeln Sie Blätter und andere Pflanzenteile in einem Stoffbeutel. Diese können Sie direkt nach Ihrer Rückkehr **in einem alten Buch oder in einer Pflanzenpresse pressen**.
Die gepressten Blätter können Sie für Aktionen am Eltern-Kind-Nachmittag nutzen:

Lassen Sie die Kinder in der Kita mit den gesammelten und gepressten Blättern als „Land-Art" – Kunst aus Naturmaterialien – gemeinsam ein großes Herz legen. Dieses können die Kinder ihren Eltern zeigen.
Sie können auch ein gemeinsames Ratespiel für Eltern und Kinder vorbereiten: Welche Blätter gehören zu welchem Baum?

Wenn Sie etwas nicht wissen, können Sie einfach im Bestimmungsbuch gemeinsam nachsehen.

SO GROß SIND DIE PFLANZEN SCHON

PFLANZENMESSLATTE BAUEN

ganzjährig möglich

Messlatten dürften den meisten Kindern bekannt sein. Fast alle Kinder haben diese zu Hause und möchten regelmäßig wissen, wie groß sie sind und ob sie gewachsen sind. Auch beim Kinderarzt und in der Kita hängen häufig Messlatten an den Wänden. Genauso interessant ist es für die kleinen Gärtnerinnen und Gärtner, zu überprüfen, ob und wie viel ihre Pflanzen schon gewachsen sind.

Sachwissen: Funktion einer Messlatte

Eine Messlatte zeigt an, wie groß etwas ist, also z. B. eine Person oder eine Pflanze. Eine Messlatte besteht oft aus Holz. Die Nummerierung kann unterschiedlich angebracht werden. Bei Messlatten für Kinder wird immer alle 10 cm eine Zahl angegeben. Für eine Pflanzenmesslatte ist es sinnvoll, mit 5-cm-Schritten zu arbeiten, da nicht alle Pflanzen sehr hoch werden.

Alter:	ab 5 Jahre
Gruppengröße:	4 Kinder
Ort:	Gruppenraum
Dauer:	40 Minuten + Trockenzeiten

Material:

- 1 gehobeltes Sperrholzbrett, ca. 1 m hoch, 15 cm breit
- Arcylfarbe nach Farbwunsch
- 1 Lineal
- 1 Bleistift
- 1 Fläschchen Tusche
- 1 Dose wetterfester, transparenter Lack

Für jedes Kind:

- 1 Pinsel

Los geht's:

Legen Sie die Materialien auf der abgedeckten Arbeitsfläche bereit. Die Kinder bemalen das Holzbrett nach Herzenslust auf der einen Seite. Lassen Sie es über Nacht trocknen und dann wird auf der anderen Seite weiterbemalt und wieder trocknen gelassen.
Jetzt wird es knifflig: Messen Sie mit dem Lineal immer 5 cm ab und machen Sie jeweils mit dem Bleistift einen Strich. Das tun Sie so lange, bis die Messlatte endet. Natürlich können Sie auch jeden Zentimeter einen kleinen Strich anzeichnen, so kann auch das Wachstum genau erfasst und engmaschiger verfolgt werden. Fahren Sie die Striche mit Tusche nach und schreiben Sie die jeweiligen Zahlen daneben. Wenn alles getrocknet ist, überstreichen Sie die Messlatte gründlich von allen Seiten mit wetterfestem Lack und lassen sie trocknen.

© SUKJAI PHOTO – Shutterstock.com

Mein Tipp für die Praxis

Legen Sie mit den Kindern ein **Pflanzenwachstumsbuch** an. Darin können Sie das Wachstum aller gemeinsam gepflanzten Pflanzen dokumentieren. Solange die Pflänzchen noch klein sind, können die Kinder ein Lineal benutzen zum Messen und für die größeren Pflanzen dann die Messlatte verwenden. Pro Pflanze können Sie eine Seite oder sogar eine Doppelseite einplanen. Die Kinder können darauf ein Bild der Pflanze malen oder Sie kleben ein ausgedrucktes Bild ein und schreiben den Namen daneben. Tragen Sie jeweils das Datum ein und die genaue Größe. Sie können zusätzlich ein Foto einkleben, wenn sich die Pflanze sehr verändert hat.

So können Sie mit den Kindern genau reflektieren, wie groß die Pflanze zu Beginn und beispielsweise bei der Ernte war und wie viel sie in welcher Zeit gewachsen ist.

SAMENKUGELN HERSTELLEN

Frühling und Sommer

Es wird immer beliebter, Samenkugeln – auch Samenbomben genannt – an tristen Orten zu verstreuen, um diese mit Pflanzen zu beleben. Das ist eine schnelle und einfache Methode, um Farbe und Leben in die Welt zu bringen und Insekten Lebensräume zu schaffen.

Sachwissen: Entstehung von Samenkugeln

Nach dem Zweiten Weltkrieg soll der Reisbauer Masanobu Fukuoka aus Japan die Samenkugeln erfunden haben. Er verwendete sie dazu, um Reis und Gerste auszusäen und bezeichnete seine Technik als Nichts-tun-Landwirtschaft. In den 70er-Jahren wurde dann die Idee der Samenkugel durch Besucher auf dem Hof immer weiter verbreitet in der Welt. Irgendwann kam sie durch die Guerilla-Gardening-Bewegung auch nach Deutschland.

Mit Samenkugeln werden heute meist Wegstreifen (Grünstreifen) oder brach liegende Flächen verschönert. Sie werden aber auch gerne verschenkt. Wichtig ist, jeweils regionales Saatgut zu verwenden, um das Ökosystem zu unterstützen.

Alter: ab 3 Jahre
Gruppengröße: 6 Kinder
Ort: Gruppenraum
Dauer: 15 Minuten + Zeit zum Auslegen/Verstreuen

Material:
- 1 TL gekaufte Wildsamen (regional)
- 5 TL Blumenerde
- 3 TL lehmige Erde
- 1 alte Schüssel
- 1 großer Teller
- 1 Bogen Backpapier

Diese Menge ergibt pro Kind eine Samenkugel. Natürlich können Sie das Rezept beliebig erweitern.

Los geht's:

Legen Sie die Materialien auf einer gut abgedeckten Arbeitsfläche bereit. Verkneten Sie mit den Kindern gründlich die Blumenerde und die lehmige Erde in der Schüssel. Fügen Sie immer wieder ein wenig Wasser hinzu, damit der Teig weich und geschmeidig wird. Erst dann geben Sie die Samen hinzu und arbeiten diese möglichst gleichmäßig in die Masse ein. Teilen Sie die Samenmasse in ungefähr gleich große Teile auf und formen Sie diese gemeinsam mit den Kindern zu Kugeln.

Legen Sie die fertigen Kugeln auf den mit Backpapier abgedeckten Teller und stellen Sie diesen an einen sonnigen Platz. Dort sollten die Kugeln mindestens einen Tag lang trocknen. Jedes Kind kann dann seine selbst hergestellte Samenkugel mit nach Hause nehmen.

Mein Tipp für die Praxis

Spazieren Sie mit den Kindern durch die nähere Umgebung der Kita. Gibt es triste Stellen, an denen eine farbige Blütenbracht schön wäre? Erkundigen Sie sich bei der Kommune oder der Stadt nach dem Eigentümer. Nur mit einer schriftlichen Genehmigung dürfen Sie die **Samenkugeln verteilen**. Oft haben auch die Gemeinden oder Städte selbst geeignete Flächen, die sie Ihnen gerne überlassen.

Eine Blechwanne zum Leben erwecken

Gartenteich anlegen

Frühling und Sommer

Ein normaler Gartenteich, in dem vielleicht auch noch Fische leben, braucht sehr viel Pflege. Zudem ist er für Kinder auch gefährlich. Aber in einer Blechwanne gelingt im Nu eine Miniversion eines Teiches.

Sachwissen: Wasserminze und Binsen

Wasserminze und Binsen sind beides Pflanzen, die am Teichrand und in Uferzonen wachsen. Die Wasserminze ist mit der Pfefferminze verwandt. Sie ist jedoch milder im Geschmack und weniger duftintensiv. Sie wird als Heilpflanze in Tee und Öl verwendet. Binsen sind Pflanzen mit grasartigen braunen oder grünen Blättern. Es gibt ungefähr 300 verschiedene Arten von Binsen. Bei uns in Deutschland sind nur ungefähr 29 Arten verbreitet. Binsen können Schadstoffe abbauen und reinigen so das Wasser.

Alter:	ab 4 Jahre
Gruppengröße:	4 Kinder
Ort:	Außenbereich
Dauer:	ca. 40 Minuten

Material:

- 1 alte Blechwanne, möglichst groß
- Teicherde
- Binsenpflanzen, möglichst Zwergbinsen, Anzahl je nach Größe der Blechwanne
- Wasserminzepflanzen, Anzahl je nach Größe der Blechwanne
- Kieselsteine

Los geht's:

Legen Sie die Materialien bereit. Suchen Sie einen geeigneten Platz, an dem die Blechwanne längere Zeit ungestört stehen bleiben kann. Für die Pflanzen sollten Sie zumindest einen halb schattigen Platz auswählen. Füllen Sie gemeinsam mit den Kindern ca. 15 cm Teicherde in die Blechwanne und pflanzen Sie Binsen und Wasserminze ein. Die Kinder belegen den Boden der Wanne mit Kieselsteinen. Anschließend befüllen Sie die Wanne vorsichtig mit Wasser.

Wichtig!

Auch wenn die Wanne nur klein und sehr niedrig ist, sollten Sie keinen Teich anlegen, wenn sich Kinder unter drei Jahren ohne lückenlose Beobachtung in Teichnähe aufhalten können.

Mein Tipp für die Praxis

Der kleine Teich braucht **regelmäßige Pflege**. Abgestorbene Pflanzenreste sollten immer sofort entfernt werden, da der Teich sonst schnell faulig wird. Je kleiner der Teich ist, desto schneller passiert dies.

Sobald das Wasser weniger wird, sollte es nachgefüllt werden. Hilfreich für Kinder ist es, mit einem Strich zu markieren, wie weit das Wasser reichen sollte.

KLEINER KÄFER, BLEIB DOCH HIER

MARIENKÄFERHOTEL BAUEN

Frühling und Sommer

Mit einem Zuhause für Marienkäfer können Sie Pflanzen und Gemüse vor Schädlingen schützen, da Marienkäfer diese fressen. Dieses Marienkäferhotel ist im Nu mit den Kindern gebaut.

Sachwissen: Nutztier Marienkäfer

Marienkäfer zählen nicht nur zu den Glücksbringern und sind schön anzuschauen, sondern sie sind für die Natur und den Garten überaus nützliche Tiere. Marienkäfer fressen Blattläuse, Spinnmilben, Wanzen, aber auch Käferlarven.

Vorbereitung:

Hämmern Sie mit dem Hammer die Öffnungsstellen der Konservendose glatt. Dieser Vorgang wird Entgraten genannt.

Los geht's:

Legen Sie die Materialien am abgedeckten Basteltisch bereit. Die Kinder können ihre Dosen nach Belieben mit den Fingerfarben bemalen. Überstreichen Sie die getrocknete Farbe im Anschluss dann mit Klarlack. Dies ist allerdings nicht ganz so lange wetterbeständig. Alternativ wählen die Kinder Lackfarben aus, mit denen Sie die Dosen später allein draußen bemalen.

Alter: ab 5 Jahre
Gruppengröße: 4 Kinder
Ort: Gruppenraum
Dauer: 15 Minuten + Vorbereitungs- und Trocknungszeit

Material:

- 1 Hammer
- Fingerfarben und wetterfester Klarlack
- ggf. wetterfeste Lackfarben, je nach Farbwunsch
- Wellpappe (Verpackungsmaterial)
- Blumendraht

Für jedes Kind:

- 1 große, leere Konservendose
- 1 Pinsel
- 1 Schere
- 5–8 kleine Zweige

Wenn die Dose getrocknet ist, schneiden die Kinder Wellpappe in Streifen, rollen diese fest ein und schieben sie in die Dose. Je nach Größe der Dose schieben die Kinder nun fünf bis acht kleine Zweige in die kleinen Öffnungen der Wellpappe. Die Zweige sollten dabei etwas herausstehen, damit die Marienkäfer Platz haben, um darauf landen zu können.

Umwickeln Sie die Dose mittig fest mit Blumendraht und drehen Sie diesen zusammen. Jetzt können Sie gemeinsam mit den Kindern die Dose aufhängen. Der perfekte Platz für das Marienkäferhotel befindet sich in einer Hecke.

Mein Tipp für die Praxis

Erstellen Sie mit den teilnehmenden Kindern doch eine **Schritt-für-Schritt-Bastelanleitung**, die alle anderen Kinder zum Nachbasteln mit nach Hause bekommen. Dazu fotografieren Sie jeden der einzelnen Arbeitsschritte, drucken diese aus und kleben sie auf Papier. Schreiben Sie die Tätigkeit unter die einzelnen Fotos und fotokopieren Sie die Anleitung für alle Familien.

WAS STECKT UNTER DER ERDE?

EINEN RASENQUERSCHNITT MACHEN

Frühling, Sommer und Herbst

Wenn Sie mit den Kindern gärtnern, ist es sinnvoll, ihnen den Aufbau von Pflanzen zu zeigen und zu erklären. So fällt es den Kindern leichter, Zusammenhänge zu verstehen. Deshalb ist ein Rasenquerschnitt ein schönes Angebot, das sich für den Einstieg in das Thema eignet. Dabei können Fragen wie die folgenden thematisiert werden: Wie wachsen Pflanzen eigentlich? Was verbirgt sich unter der Erde? Wie sieht die Pflanze dort aus? Aus welchen Teilen bestehen die Pflanzen? Usw.

Sachwissen: Querschnitt im Rasen

Einen Rasenquerschnitt erhält man, indem man ein Stück Rasen mit dem Spaten absticht und herausnimmt. So kann man nicht nur den oberflächlich wachsenden Rasen sehen, sondern auch die Wurzeln, wie diese in der Erde wachsen, den Aufbau der Pflanzen und eventuelle Kleinstlebewesen. An einem Querschnitt kann man gut sehen, dass Pflanzen unter der Erde auch lebendig sind und nicht nur oberirdisch wachsen.

Vorbereitungen:

Legen Sie die Materialien bereit. Nehmen Sie einen Spaten und stechen Sie damit in die Erde ein, am besten an einer Stelle, wo relativ saftiges Gras wächst. Dies hat den Grund, dass dann die einzelnen Teile der Pflanze am besten zu sehen sind. Stechen Sie viermal rundherum und hebeln Sie vorsichtig mit dem Spaten den Erdteil nach oben. Je nachdem, wie fest die Erde ist, kann dies viel Kraft beanspruchen.

Alter: ab 5 Jahre
Gruppengröße: 4 Kinder
Ort: Außenbereich und Gruppenraum
Dauer: 20 Minuten

Material:
- 1 Stück Wiese
- 1 Lupe
- ggf. passendes Bildmaterial (z. B. Bücher)

Los geht's:

Legen Sie den Rasenquerschnitt auf einen gut abgedeckten Tisch im Gruppenraum. Nun können die Kinder von der Seite genau betrachten, wie der Querschnitt des Rasens aussieht. Jedes Kind darf einmal mit der Lupe genau schauen.

Zeigen und erklären Sie den Kindern zunächst die Wurzeln und was diese für die Pflanzen bedeuten und welche Funktion sie erfüllen: Durch die Wurzeln nehmen die Pflanzen Wasser und Nährstoffe auf. Gleichzeitig sorgen die Wurzeln dafür, dass die Pflanzen auch in der Erde bleiben und nicht einfach weggeweht werden. Lassen Sie die Kinder anschließend die Wurzeln erneut mit der Lupe betrachten. Wenn Sie Glück haben, entdecken Sie und die Kinder mit der Lupe noch einige Tierchen und Larven unter der Erde oder im Gras. Finden sich kleine Tiere in dem Querschnitt, können Sie den Kindern passende Bilder dazu zeigen und erklären, welche Bedeutung die Erde für die Tiere hat. Darin überwintern beispielsweise Larven. Regenwürmer fressen die Erde und lockern sie dadurch auf, und Ameisen bauen hier ihre Nester.

Mein Tipp für die Praxis

Pflanzen Sie mit den Kindern den **Querschnitt idealerweise in ein Glasbehältnis** ein, z. B. in ein altes Aquarium oder eine Salatschüssel. Dann können die Kinder den Querschnitt immer wieder ansehen. Sie können so auch ausprobieren, was passiert, wenn man den Querschnitt gießt. Das Wasser wird von der Erde aufgenommen und läuft nicht einfach weg. Dass die Erde Wasser aufnehmen kann, ist auch für uns wichtig, da sonst überall Wasser stehen würde oder einem Bach ähnlich den Hang hinunterlaufen würde.

AUCH VÖGEL BRAUCHEN FUTTER

Winter

VOGELFUTTER SELBST HERSTELLEN

Besonders im Winter ist es für heimische Vögel schwierig, ausreichend Futter zu finden. Ein naturnah gestalteter Garten, z. B. mit Beerensträuchern und „wilde Ecken", erleichtert den Vögeln die Futtersuche. Oft reicht das aber nicht aus, und es ist sinnvoll, die Vögel mit ergänzendem Futter zu unterstützen. Vogelfutter selbst herzustellen, gelingt leicht und es ist für die Kinder ein tolles Erlebnis, die Vögel im Kita-Garten beim Fressen zu beobachten. Alle Vögel, die zu den Körnerfressern zählen, werden mit dem selbst hergestelltem Vogelfutter glücklich sein.

Sachwissen: passendes Futter für jeden Schnabel

Bei Vögeln wird zwischen Körner- und Weichfutterfressern unterschieden. Zu den Körnerfressern zählen Fink, Sperling, Specht und Meise. Diese Vögel mögen gehackte Nüsse, Sonnenblumen- und Kürbiskerne oder Leinsamen. Zu den Weichfutterfressern gehören Amsel, Zaunkönig, Rotkehlchen und Drosseln. Sie sind mit Haferflocken, Rosinen und kleinen Apfelstücken glücklich.

Alter: ab 4 Jahre
Gruppengröße: 4 Kinder
Ort: Küche und Außenbereich
Dauer: 20 Minuten + Abkühlzeit und Beobachtungsphase

Material:
- 1 Topf
- 1 Kochlöffel
- 200 g Kokosfett
- 200 g Sonnenblumenkerne
- verschiedene Ausstechformen
- 1 Backblech
- 1 Bogen Backpapier
- 1 Knäuel Schnur

Los geht's:

Stellen Sie die Materialien bereit. Legen Sie das Backpapier auf das Backblech und verteilen Sie gemeinsam mit den Kindern die Plätzchenformen darauf. Lassen Sie die Kinder die Förmchen vorsichtig je bis zur Hälfte mit den Sonnenblumenkernen befüllen.
Erhitzen Sie das Kokosfett unter Rühren im Topf. Sobald es ganz flüssig ist, gießen Sie es vorsichtig in die Ausstechförmchen über die Sonnenblumenkerne. Stellen Sie das Backblech an einen Ort, an dem es ungestört stehen bleiben kann. Drücken Sie nach einiger Zeit, wenn die Masse schon etwas fest geworden ist, mit dem Löffelstiel Löcher in die Formen. Lassen Sie die gefüllten Förmchen über Nacht gut auskühlen. Lösen Sie dann die Futterformen vorsichtig aus den Förmchen, fädeln Sie ein Stück Schnur durch das Loch und verknoten Sie diese. Hängen Sie gemeinsam mit den Kindern einen Teil der Futterformen für die Vögel im Garten auf. Wählen Sie einen Platz, den Sie mit den Kindern – bestenfalls vom Gruppenraum aus – gut beobachten können, ohne die Vögel zu stören.

Mein Tipp für die Praxis

Führen Sie mit den Kindern ein **Vogeltagebuch**: Wie oft kommen die Vögel? Wann ist die beliebteste Zeit zum Fressen? Welche Vögel kommen?

Wichtig!

Der Platz, an dem Sie das Futter aufhängen, sollte zugleich für die Vögel sicher sein. Katzen sollten beispielsweise keine Chance haben, sich unbemerkt anzuschleichen. Große Fensterfronten sollten gesichert werden, damit die Vögel nicht hineinfliegen. Reinigen Sie die Futterplätze regelmäßig und verteilen Sie nicht zu viel Futter auf einmal.

Weiter Informationen und Hinweise finden Sie beispielsweise auf den Internetseiten von BUND, dem Deutschen Tierschutzbund oder Greenpeace.

PFLANZEN-MEMO

Anleitung:

Kopieren Sie die Vorlage zweimal, ziehen Sie die Bilder auf Tonkarton und schneiden Sie die Spielkarten des Pflanzen-Memos mit einem Schneidebrett aus. Dann spielen Sie nach den Regeln eines klassischen Memo-Spiels. Bitten Sie die Kinder, jeweils die abgebildete Pflanze zu benennen. Aus eigenen Fotos können Sie auch selbst ein Memo-Spiel erstellen.

ÜBERSICHT DER ANGEBOTE

NACH JAHRESZEITEN

Ganzjährig

Frühling

Sommer

Herbst

Winter

SCHLAGWORTVERZEICHNIS